80 多个精彩的战争故事

100 多位军事名家

185 千生动文字

和 300 多幅精美图片

构筑成一座异彩纷呈的中国军事博物馆

精彩的故事引领你进入异彩纷呈的军事世界，开始一段愉快的读书之旅

中华 5000 年

Five Thousand Years
of Chinese Military Stories

军事故事

段军龙 编

光明日报出版社

图书在版编目（CIP）数据

中华 5000 年军事故事 / 段军龙编 .—2 版 .—北京：光明日报出版社，2005.12
（2025.1 重印）

ISBN 978-7-80145-829-2

Ⅰ . 中… Ⅱ . 段… Ⅲ . 战争史—中国—通俗读物 Ⅳ .E29-49

中国国家版本馆 CIP 数据核字 (2005) 第 138799 号

中华 5000 年军事故事

ZHONGHUA 5000 NIAN JUNSHI GUSHI

编　　者：段军龙

责任编辑：李　娟　　　　　　　　　　　　责任校对：徐为正
封面设计：玥婷设计　　　　　　　　　　　封面印制：曹　净
出版发行：光明日报出版社
地　　址：北京市西城区永安路 106 号，100050
电　　话：010-63169890（咨询），010-63131930（邮购）
传　　真：010-63131930
网　　址：http://book.gmw.cn
E - mail：gmrbcbs@gmw.cn
法律顾问：北京市兰台律师事务所龚柳方律师
印　　刷：三河市嵩川印刷有限公司
装　　订：三河市嵩川印刷有限公司
本书如有破损、缺页、装订错误，请与本社联系调换，电话：010-63131930
开　　本：170mm×240mm
字　　数：185 千字　　　　　　　　　　　印　　张：15
版　　次：2010 年 1 月第 2 版　　　　　　印　　次：2025 年 1 月第 4 次印刷
书　　号：ISBN 978-7-80145-829-2
定　　价：39.80 元

Preface

前　言

　　为了让读者轻松地学习和了解中国军事知识，我们组织编写了这部彩图版《中华5000年军事故事》，本书具有以下特色：

　　一、编者精心遴选了中国古代和近现代对中国社会和历史进程产生深远影响的军事战争和事件，内容包括上起5000年前的涿鹿之战，下迄平津战役等80余个中华军事故事，以时间为线索，用轻快活泼的文字简单勾勒出中华军事发展的大致轮廓，深入浅出，通俗易懂，融知识性、趣味性和艺术性于一体。

　　二、编写体例创新，在描述战争本身的"精彩回放"之外，设置多个辅助栏目，对军事战争的发生、进程以及结果等进行分析、总结和延伸，以加强知识的深度和广度，通过较小的篇幅清晰而完整地讲述每一个精彩的军事故事。另外，本书的五个专题还分别从军事传递、兵书、军阵、投射器和防御方面对军事故事做了深度的剖析和解构，极大地充实了本书的内容。

　　三、图文配合，精选了300余幅与文字内容相契合的精美插图，包括帝王将帅的画像、器械装备的原图或复原图、重现重大战争场景的绘画、战争示意图和古战场遗址照片等，立体、直观地展示中国军事，让读者更真切地走近战争，走进历史。

　　四、在版式设计上，注重传统文化底蕴与现代设计手法的结合，营造轻松的阅读氛围，使读者不仅能直观地领略每一场惊心动魄的重大战争，而且能获得更多审美感受和想象空间。

　　本书无论体例编排还是整体设计，都注重人文色彩和科学理念的有机结合，全力营造一个具有丰富文化信息的阅读空间，引领读者轻松进入军事世界，开始一段愉快的读书之旅。

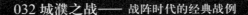
目录

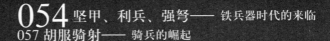

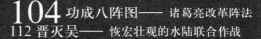
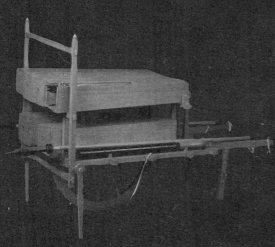

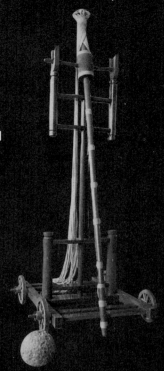

目录

专题

扫码获取更多资源

ZHUO LU ZHI ZHAN 涿鹿之战

——牧地和耕地的争夺

交战双方：黄帝、炎帝联军和蚩尤军队	
交战时间：距今大约5000年	
将帅档案：黄帝：轩辕氏，华夏部落联盟领袖，后被汉族人民尊为"始祖"。炎帝：其部族以崇尚农耕著称。蚩尤：生性残暴，刚愎自用，东夷集团九黎族领袖	
投入兵力：蚩尤兵力人数稍占优	
使用兵器：尖锐锋利的铜制武器；石斧、木制标枪、弓箭等	
交战结果：黄帝、炎帝军获胜，华夏与东夷结盟	

炎帝像

炎帝即神农氏，曾遍尝百草为人治病，晚年在南巡途中因误尝毒草而身亡，死后葬于长沙茶乡之尾。

历史背景

距今5000年前后，中华大地上形成了华夏、东夷和苗蛮三大集团。生活在黄河中游的华夏部落以黄帝、炎帝两大部族为核心。炎帝部族东进到太行山以东拓展耕地，与同时西进入华北大平原的东夷九黎部落蚩尤族在土地争夺上矛盾尖锐，华夏族与九黎族间的武装冲突已在所难免。

精彩回放

距今约5000年前，华夏部落的黄帝部族和炎帝部族结成部落联盟。炎帝为拓展农业耕地，率本部族东进，到太行山以东定居了下来；而这块地盘正是西进入华北平原的东夷九黎人首领蚩尤想得到的。蚩尤倚仗自制的精良兵器——铜刀和铜锥，加之部众擅长角牴，作风剽悍勇猛，便向炎帝发起攻击。

炎帝部族使用的兵器还主要是木、石制的弓箭、枪矛，而对蚩尤的突袭炎帝又估计不足，尽管炎帝军毫无惧色，极力抵挡，但最终还是招架不住而被迫撤退，所居"九隅"全部落入蚩尤手中。

炎帝不甘失败，遂向同部落的盟友黄帝求助。为维护华夏集团的整体利益，也为尽部落联盟兄弟间互相援助的义务，黄帝答应帮助炎帝，亲率部族军队进入华北大平原，在涿鹿地区陈列"方阵"与蚩尤对峙。

蚩尤也称得上一代枭雄，自不甘示弱。他集结所属81个支族，又联合巨人夸父部族和三苗一部，在兵数上已占据优势，又挟战胜炎帝之余威，并依仗精良的武器装备，气势汹汹地向黄帝扑来。黄帝临危不乱，率领以熊、罴、狼、豹、雕、龙、鹖等为图腾的氏族部众迎击蚩尤。黄帝还利用位居河上游的条件，令大将应龙"高水"，在河上筑土坝蓄水，以抵御蚩尤的攻势。

当时正值浓雾弥漫，大雨倾盆，这很适合来自东方多雨环境的蚩尤族开展军事行动。蚩尤适时利用天气变化不断偷袭黄帝军得手，于是得意忘形，趾高气扬，认为不多时黄帝轩辕就不得不束手就擒了。

黄帝轩辕毕竟不是等闲之辈，他知道恶劣气候不是己方进攻时机，就主动避敌锋芒，井然有序地组织后撤，因而保存了实力。不多久，风云突变，雨过天晴，黄炎联军反败为胜的契机来了。黄帝当机立断，一声令下，大将常先、大鸿从正面开始了反攻。

黄帝又利用狂风大作、飞沙走石的天时，命风后、王亥把经过训练的300匹

黄帝战蚩尤图

火畜组成一支（我国历史上最早的）骑兵，朝蚩尤军心脏长驱直入。

黄帝还准备了80面夔牛大鼓，趁风沙弥漫之时擂鼓吹号以震慑敌人。

突如其来的反攻让蚩尤猝不及防，其军队开始自相践踏、慌不择路，终于陷入崩溃，节节败退。蚩尤无心恋战，向南逃跑；而粗犷骄横的夸父不承认失败，率本部奔大鸿军杀来。忽然一阵狂风，夸父眼进沙子，大鸿自不肯放过制敌机会，拦腰砍落夸父，夸父军四散奔逃。

黄帝身边众多谋臣一再进言不可放走蚩尤，黄帝采纳群臣意见，联合炎帝族和玄女族紧追蚩尤，在冀州之野将之包围。轩辕命令擂鼓击钟，蚩尤军被钟鼓声震得耳聋眼花、溃不成军。蚩尤拼死突围屡次失败，最后终被擒杀。涿鹿之战以黄帝军的大获全胜而告终。

策略战术

充分利用天时地利；善于寻求同盟；避实就虚，保存实力；从"狩猎"战术推出"方阵"；善于判断掌握战机。

重大意义

涿鹿之战奠定了华夏民族拥有中原的基础；促进了民族间的融合交流，推动了生产力的发展；炎黄从此被尊为中华民族的祖先。

军事知识

兵器的起源

在中国古代神话中，炎帝神农氏是最早发明武器的人，神农氏用石头制造了武器。相传黄帝发明了玉制的武器。但一般所说的金属制武器，相传是由与黄帝同时的蚩尤最先制造的。蚩尤所制造的武器是用青铜制造的，最具代表性的有剑、戈、矛、戟，据说蚩尤还发明了铠甲和弩。

阵

建立在"狩猎"战术基础上的战争中运用的阵势，是根据地形条件、敌方战略意图及敌我实力对比等具体情况而布置的战斗队形。

鸣条之战

MING TIAO ZHI ZHAN

——伐谋、伐交、伐兵、用间的第一次全面应用

交战双方：商汤军队和夏桀军队

交战时间：公元前 1766 年左右

将帅档案：汤：商部落首领，即位后任用名士伊尹为相，励精图治，使商部落发展为黄河下游的一个强大方国；后代夏入主中原，成为商王朝的建立者；商军统帅。桀：夏王朝末代君王，在位时荒淫残暴；夏朝军队统帅。

投入兵力：商汤军良车 70 乘，"敢死"队 6000 人；夏桀军不详

使用兵器：刀、矛、弓箭等攻击性武器；盔、甲等防护性武器

交战结果：商汤军大胜，夏桀败亡

历史背景

夏朝末年，从夏王桀为首的奴隶主贵族集团骄奢淫逸，横征暴敛，激起了民众及周边隶属方国的强烈不满和反抗，社会矛盾不断激化。生活在黄河中游的商部落在领袖汤的领导下，日益强大并对夏朝构成威胁，夏朝统治岌岌可危。

精彩回放

约在前 1766 年，商汤正式兴师伐夏。战前商汤誓师，列举了夏桀荒废朝政、破坏生产、不体恤人民、滥施淫威的一系列罪行，表明自己欲救民于水火，替天行道。

商汤精选良车 70 乘、"敢死"队 6000 名整装待发，并召集不堪忍受夏桀奴役的诸侯会盟于有仍，讨论并部署灭夏战略。

商汤像

商汤（生卒年不详），姓子，原名履，又称武汤、成汤，商部落的杰出首领，在位 13 年，建立了中国历史上第二个奴隶制王朝——商朝，定都亳。他吸取夏桀亡国的教训，鼓励生产，减轻征赋，使商朝成为当时世界上强大的奴隶制王朝。

夏桀急调九夷部落军队汇编入夏朝军队以迎战商汤。汤见夏桀仍有一定号召力，威势尚存，便采纳伊尹谋略修书假意臣服，以为缓兵之计。后来汤再次宣讨暴桀，而此时，原本听命于桀的九夷军哗变，有缗氏阵前倒戈，桀只得纠集起王室直属军队抵御商军。

当时，夏桀夜梦"两日相斗，西方日胜，东方日不胜"，这被居夏从事间谍活动的伊尹得悉并反馈给汤。汤命令大军进行战略转移，从"东方"行军，迂回到夏都以西，由西向东攻击。这一战术能出其不意，攻其不备；而另一方面则是利用了夏桀对"西方日胜"的心理恐惧，弱化夏军心理防线。

商汤命军队由西向夏都突袭夏军，夏桀仓皇应战，出城拒汤。商王和夏主就在鸣条展开了一场势均力敌的厮杀。夏桀指责商汤目无君王，罪不可赦；而商汤反责夏桀荼毒生灵，已没有权威再号令四方。深受夏桀压榨的夏朝民众也坚定地站在了商汤一边，商军助威声、民众斥责声令曾"唯我独尊，无视天下"的桀心有余悸，再加上脑海中不断浮现的"西方日胜"，夏桀胆战心惊，拨马败走。但见商王大手一挥，商军以排山倒海之势冲向夏军，夏王室主力军队一溃千里，向东南方向败退。商相伊尹早已料到有这一着，战前他已安排商军盟友在夏都东南严阵以待，及时伏击败逃的夏军。夏桀再遭重创，逃奔到南巢（今安徽寿县南），不久病死，夏朝灭亡。

鸣条之战以夏桀军队彻底失败、商汤军队大胜而宣告结束。

征射手甲骨文
商代征战的形式是每乘战车上有一名弓箭手。征集三百名弓箭手出征，说明出征战车已达三百乘。

策略战术
"间谍信息"战的创造性运用；"迂回"战术的充分使用；剪除羽翼，各个击破；正确选择战机；心理战的应用；争取"人和"。

重大意义
奠定了商取代夏入主中原的基础；我国古代"伐谋、伐交、伐兵、用间"的第一次全面运用，丰富了军事指挥艺术；对后世战争的发展、军事理论的构筑有深远的影响。

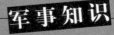
军事知识

迂回
一种旨在避实就虚，攻其不备，出其不意的战略战术，能起到以较小伤亡取得战争胜利、弱化敌人心理的积极效果。

武丁的征服
——青铜兵器的全面运用

交战双方： 商王武丁军队和舌方、羌戎等四方部落方国军队

交战时间： 公元前 12 世纪

将帅档案： 武丁：商朝第二十三代王，子姓，名昭，少时曾生活在民间，了解百姓疾苦；即位后励精图治，任用傅说、甘盘为相，在位 59 年，使商朝政治、军事、经济实力大增；征服战争的统帅

使用兵器： 青铜铸造的刀、镞、戚、戈、矛、钺、盔、甲等

交战结果： 商朝疆域空前扩大，周边部落全部臣服于商，武丁夺得大批奴隶

历史背景

商汤灭夏后，商王被周围方国尊为共主。商代中期，统治阶级内部相互倾轧，权力纷争，削弱了商王朝的统治，周围方国开始动乱，欲摆脱臣属地位。雄才大略的武丁即位后，立志征服四方以巩固统治，维护商王君威。舌方、鬼方、西羌、东夷等经常侵掠商边境的四周方国部落就成了武丁征服的对象。

武丁像
武丁是商代的中兴之主，创立了一代盛世。

精彩回放

舌方是商朝西北的一支游牧民族，原曾臣服于商，后利用商王室"九世之乱"的机会脱离商朝控制并迅速扩张，成为河套地区的割据势力。其首领多次带领绎方并联合土方南下犯商边境，抢掠商边境牲畜、农作物甚至人口。

武丁看在眼里，恨在心上，他决定征讨这一野蛮部落。他命傅说辅太子监国，亲提大军，率大将禽和甘盘北上伐舌。

先锋沚戛部队先进入吉方地盘向舌方挑战。舌方首领畏惧王师锐气，并不正面应战沚

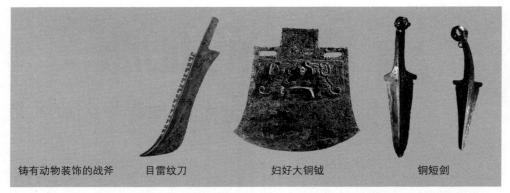

铸有动物装饰的战斧　　　目雷纹刀　　　　妇好大铜钺　　　　铜短剑

戛，而是坚守不出。不久，武丁大军来到，扎寨安营。是夜，舌方头领率军突袭商军营寨，沚戛军防范不及，遭受了些损失；而舌方自知王师强悍，故不敢冒进，得了些小便宜便退回城中去了。武丁根据舌方这一作战作风，命西境守将密切关注舌方动向，又调集数千士兵轮值守望以察敌情。几天后武丁掌握了敌人行踪，遂与禽、甘盘部署好了防御工事。舌方见武丁防范措施严密，无懈可击，再行突袭之举遂罢。

防患做好，就要准备进攻了。武丁令禽、羽、戉兵分几路直捣舌方巢穴，自己和甘盘坐镇后方指挥。正面交锋，舌方军哪里是精锐王师的对手？禽、沚戛、羽等将军均身手不凡，武艺高超，舌方头目们只有招架之功而无还手之力。舌方首领知敌不过，弃营西逃。武丁见舌方军溃退，即命乘胜追击。由于舌方是游牧民族，习惯打"游击"，形势一不利就化整为零，所以武丁欲歼其兵力却不得。武丁打跑了舌方，占领了河套就凯旋了。伐舌取得了成就，但战争并未结束，直到多年后舌方首领被禽擒获，舌方对西北边境的威胁才告解除。

征伐舌方的同时，商王也派大军攻伐舌方的得力盟友土方，并把土方领地划入商的版图。攻灭舌方、土方后，西羌就成为武丁最大的征伐重点。羌有羌龙、北羌、马羌等支，他们的侵扰掠夺让商西境的居民不得安宁。武丁命妻妇好和当时久经沙场战功累累的名将禽、羽等征伐西羌。一仗打下来羌人势力大大被削弱。武丁还将所获战俘用作祭祀鬼神的"人牲"，商之西境得以安定。

北羌、西羌威胁扫除，商王武丁的征伐矛头便指向了南面的荆楚和巴方。荆楚与虎方、零方是长江流域的反商方国。武丁率军深入荆楚险阻之地，侦察掌握敌情并认真制定作战方案，构筑战略工事，还联合了汉水流域的我、曾、举三个方国与商军协作战斗，历时2年荡平荆楚之地，俘获大量军众，汉水流域也被纳入商的版图。之后武丁征伐巴方，他命沚戛为先锋在前面披荆斩棘，开通道路，自己和夫人妇好策划计谋。武丁让妇好在敌人西面埋伏军队，自己在东面对巴方军队发起攻击。巴方退却时正好陷入妇好的埋伏阵内，武丁军进击，妇好军在敌后攻击。巴方军队在武丁军与妇好军的包围圈中顾此失彼，阵形大乱，终于被围歼，南境遂平定。

三十二年武丁还伐鬼方，历时3年；之后又令子商粉碎缶方和基方的反抗，擒杀其首领，用时4个多月。武丁在位时还征灭了夷方、宙方和龙方，吞并了拒绝向商称臣纳贡的大彭和豕韦的土地。武丁的征服战争使商王朝势力在西、北、南、东多方位扩张，达到商代最高峰，史称"武丁中兴"。

妇好墓

古代兵员主要自男性，女性极少。妇好是商代第二十三王武丁的配偶，为中国历史上第一位有记载的女将军。殷墟出土的甲骨文中有关于她出征与得胜归来受商王赏赐之事。图为在河南安阳妇好墓原址上修建的仿商代木结构屋亭。

策略战术

"知己知彼"，掌握敌情；"游击"战术；合围歼敌战术；埋伏战术。

重大意义

武丁的征服战争解除了商边境忧患，扩大了商朝版图；其整体防御战术对后世军事理论的产生有指导作用。

军事知识

整体防御

指在强敌面前采取防御以保护阵地、争取时间创造条件调集兵力转入进攻的战术。

商妇好大铜钺

1976年河南安阳殷墟妇好墓出土了4件青铜钺。其中一件大钺长39.5厘米，刃宽37.5厘米，重达9000克。钺上饰双虎扑噬人头纹，还有"妇好"二字铭文。该钺并非实战兵器，而是妇好统帅权威的象征物。

牧野之战

——车战的开端

交战双方：周武王军队和商纣王军队

交战时间：公元前1027年

将帅档案：周武王：姬姓，文王子；继父志将周部落发展壮大；周朝的建立者；牧野之战周军统帅。吕望：即姜尚，字子牙；在渭水垂钓时为文王发现其将才并任为周相，辅佐文王、武王使周部落强盛；牧野之战周军实际决策者。商纣：即帝纣，商朝最后一位王，荒淫残暴；牧野之战商军统帅；失败后自焚于鹿台。

投入兵力：周武王军队兵车300乘、虎贲3000人及甲士4.5万人；商纣王军队约17万人

使用兵器：戈、矛、刀、弓箭、戟和剑；轻车、广车、戎车、冲车等兵车

交战结果：商纣军战败，商亡，周朝建立

周武王像

历史背景

商朝末年，政治腐败，刑罚酷虐，统治分崩离析，民众灾难深重；与此同时，周部族崛起于商的西方，其首领文王姬昌在姜尚等人辅佐下仁政爱民，广纳贤才，使周部落强盛起来；外交上周争取方国，孤立商朝。武王姬发即位后承父大志，富民强国，伐纣灭商逐渐被提上日程。

精彩回放

前1027年（一说前1057年）1月，周武王统率兵车300乘、虎贲3000人及甲士4.5万人，声势浩大地东进伐纣。1月下旬，周军抵孟津关

隘，会合了庸、卢、彭、濮、羌、蜀、髳、微等反商方国部落，短暂休整后于1月28日继续挥戈东进，从氾地渡过黄河后进入中原，旋北上百泉，折而东行，直抵朝歌近郊牧野。

2月4日拂晓周军在牧野安营扎寨，周武王召集群臣进行战略部署。

周军一周兼程就到达牧野的消息传入朝歌，商廷上下惊恐万分。商纣王大骂群臣尸位素餐，办事不力。无奈之下纣王只得征兵组织抵御，但东夷人的叛乱牵制了商朝主力军队，远在山东平叛的闻

商代战车（模型）
先秦时期，战车一般为独辕两轮，初为两马牵拉，后来演进为一车四马。

仲军这时已无时间调回朝歌应战周军。纣王就把大批奴隶临时武装起来，与国都守军整编成一支17万人的军队，自己亲自统率，开赴牧野周军屯地。

2月5日，周军庄严誓师。阵前武王义正词严地声讨商纣王听信谗言诛杀肱股重臣、宠信妲己不理朝政等累累罪行，周军深受激励，斗志昂扬，皆愿在伐纣战争中赴汤蹈火，誓死效命。武王又郑重宣读了纪律条文并布置了作战阵形，求整忌乱来提高战斗力。

战前充分动员后，武王命令周军对纣王军发起总攻。武王决定先发制人，他让尚父吕望率两万精锐突击部队以迅雷不及掩耳之势趋入商军，纣王还未部署周密就被周军冲击，阵脚顿时大乱。而商军中的奴隶和战俘之前从未受过严格的军事训练，

军事知识

先发制人

被视为"军之善谋"，指战场上争取主动、打扰敌人以求速战速决的战术思想。

战车

中国古代用于战斗的马车。一般为独辀（辕）、两轮、方形车舆（车厢），驾四匹马或两匹马。车上有甲士三人，中间一人为驱车手，左右两人负责搏杀。战车的种类很多，有轻车、冲车和戎车等。战车最早在夏王启指挥的甘之战中使用。以后战争规模越来越大，战车成为战争的主力和衡量一个国家实力的标准，到春秋时出现了"千乘之国"、"万乘之国"。到了汉代，随着骑兵的兴起，战车逐渐退出了战争舞台。

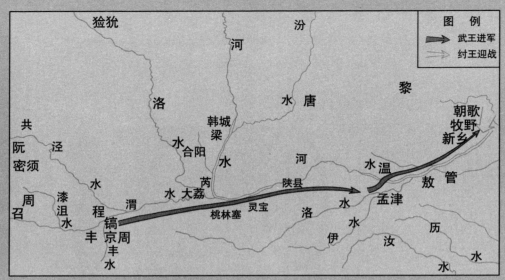

牧野之战示意图

战斗意志和纪律性都很差，再加上内心憎恨纣王从前对他们的虐待，并不乐意为之拼命；现在遭治军严谨、训兵有素的吕望精兵疾攻，根本就难以抵挡，遂纷纷掉转戈矛攻向商正规军。商纣尽管体魄健硕，能以一当十，无奈己军起义反戈，又收不住阵脚，只能尽力招架。

周军军师吕望深通谋略，运筹帷幄，即调骁将南宫适、洪锦各统 5000 人马从左右两面夹击商军。商军哪能经得住这两支生力军的猛攻？终于开始溃退。纣王知大势已去，拼命向东杀开一条血路逃回朝歌，商军 17 万人众瞬时土崩瓦解。

姜子牙下令乘胜攻打商都，武王又亲领 1.5 万精锐加入总攻，其中有兵车 300 乘。周军将士个个奋不顾身，猛冲商军，长趋朝歌。商纣王走投无路，在鹿台自焚而死。周军战车驶入朝歌，商朝覆亡。

牧野之战周军以少胜多，武王终于灭商。

策略战术
周文王、周武王长期“伐谋”、“伐交”以争人心；正确把握战机；战前誓师振奋士气，列数纣罪瓦解敌心；先发制人，出奇制胜。

重大意义
揭开了我国战争“车战”的序幕；推翻了商朝统治，确立了周对中原的控制；为西周奴隶制礼乐文明开辟了道路；吕望开启战争谋略艺术而成为兵家始祖。

烽火戏诸侯

——西周军制与传警系统

周幽王姓姬名宫涅，宣王子，生卒年不详。他即位后只知道吃喝玩乐，从不过问朝政。有一个叫褒响的大臣劝说周幽王不该如此，应以国家大事为重，结果被周幽王下了监狱。褒家的人为了把褒响救出来，只好投周幽王所好，在乡下买了一个非常漂亮的姑娘，教会她唱歌跳舞后，献给了周幽王。这个姑娘因为是褒家献上的，所以也随褒姓，并取名为姒。褒姒以其美貌得到周幽王的宠爱，褒响便被放了出来。

可是褒姒自从进宫以后，就没有笑过一次，整天闷闷不乐。周幽王想尽各种方法逗她笑，但都没有成功。于是周幽王在宫中悬赏："有谁能让王妃娘娘笑一下，就赏他一千两黄金。"

有个叫虢石父的，给周幽王出了一个歪点子：让周幽王带褒姒上骊山去玩，等到晚上，把烽火点起来，附近的诸侯见了就会赶来。褒姒见这许多兵马上当，就会笑起来。

周幽王认为主意甚好，就同意了。

果然如虢石父所说，临近的诸侯见到点燃的烽火，真的都带领兵马赶到骊山。可是当他们赶到后未见军情，却听到山上传来奏乐声和歌声，才知道上当了，憋着气又都回去了。

褒姒见此情景真的笑了。

这就是周幽王烽火戏诸侯的故事。这个故事的发生在很大程度上导致了西周被犬戎灭亡的灾难性后果，而

烽火台

烽火台是传递信号用的，白天烧柴生烟为号，称为燧；夜间举火把为号，称为烽。烽和燧置于一连串的烽火台上，绵延传递，以告知远方各诸侯前来援助。这座后人修复的烽火台，就是当年周幽王烽火戏诸侯的地方。

烽火戏诸侯

荒淫昏庸的周幽王为博得爱妃一笑，不惜假借烽火之名欺骗属国国君，使他们对其失去信任，最后亡国，可谓荒唐可笑又教训深刻。

褒姒也因此成了红颜祸水的代名词。

之所以把这个事件强调得这么严重，这得从西周的军制和传警系统说起。

说到西周军制，有必要交代一下夏、商的军制，因为西周军制的形成和夏、商军制是分不开的。中国古代军事制度称"军制"或"兵制"，是伴随国家、军队而生的，是为统治阶级的利益服务的。夏朝时，夏王掌管国家军政大权，主要政务官"六事之人"，战时便是统军将领。商朝以商王为最高军事统帅，以贵族大臣和方国首领为高级军事将领。商军出现了"师"的编制单位，建立了"登人"、"登众"的兵役、动员制度和以射、御、田猎为内容及形式的训练制度。军队分车兵和徒卒，以车兵为主，主要装备是畜力驾挽的战车。西周军制比夏、商有了很大发展，中央常备军力量扩大，拥有"西六师"、"成周八师"和"殷八师"，共22个师。"礼乐征伐自天子出"，各诸侯国和一些贵族大臣虽有少量军队，但要听从周王统一调遣。

西周军制具有一个最明显的特点——与王权为中心的政治制度相适应，王是最高军事统帅，常常亲自统军出征，方国诸侯的军队虽有一定独立性，但战时要听王的调用。所以，当周幽王有难时，各诸侯国都有责任和义务前来救援。

下面再说说西周的传警系统，西周的传警系统实际就是烽火台。烽火台亦有"狼烟台"或烟墩之称，为一座座独立踞守的碉堡，一般每距五至十里筑一台，每个台上设有五个烽火墩，为燃放烟火报警、传递军情的专用设施。如遇敌情，白天燃烟称"燧"，夜间点火叫"烽"。只要一台燃放烟火，便逐台相传点燃，设于远处的指挥机构就可以迅速得知敌情。周王朝是最早采用这种传警系统的。

当时，周王朝为了防备西部一个叫犬戎的少数民族部落的进攻，在骊山一带造了20多座烽火台，每隔几里就是一座。如果犬戎打过来，把守第一道关的士兵就把火烧起来；第二道关的士兵见到烟火，也把烽火烧起来。这样一个接一个烧着烽火，附近的诸侯见到了，就会发兵来救。

周幽王因为上演了"烽火戏诸侯"这一出戏，导致犬戎真的进攻周朝的都城镐京时，周幽王点燃骊山的烽火，虽然火光通明，但诸侯们谁也没理会，没有一个救兵到来。

车马坑
车马的多寡是决定战争胜负的重要因素，车兵挽战马驾战车是西周时主要的作战方式。

周幽王因为严重地损害了烽火传警系统的信用，最后导致西周王朝的覆灭。

军事知识

奴隶社会军制的特点

1、王是最高军事统帅，方国诸侯的军队虽有一定独立性，但战时要听王的调用。

2、由王卫队发展演变而来的常备军，在征战中起主要作用，战时军队主要靠临时征发。

3、实行奴隶主贵族血缘种族兵役制和军政一体、文武不分的民军制。

4、军政官吏实行世卿世禄制，与宗法制度相适应。

春秋战国时期军制的变化

1、周王室失去了对诸侯国的控制能力，"礼乐征伐自诸侯出"，"自大夫出"。

2、扩大了兵源与军赋，产生了以征发农民为主的郡县征兵制，军赋也由农民承担。

3、军事与行政编制相结合以利战争动员，军队建制由"师"发展到"军"。

4、战争区域由平原发展到山地和江河水乡地带。

5、步战代替车战成为主要作战形式，车兵之外又有步兵、骑兵和水兵。

5、文武分职，并产生了凭兵符发兵和奖励军功等制度。

6、军政一体化的国家体制转变为以国君为中心的高度集权化军事体制。

军情传递

——军事领域的信息化

"烽火狼烟"是古代战争中用来传递警情的一种方式，它的预警作用不言自明，有备才能无患，很多时候，它都是战争能够取胜的重要保证。古代的军情通报、军令传递有很多种，除了警情之外，还有军事情报函文、将帅职事任免书、军事行动沟通等等，它们也都有自己独特的传递形式。人们用以传递军情的方式，往往因为目的的不同而千奇百怪，有时，一根头发、一件衣服、一片草叶，或者一个口形、一个眼神、一句暗语等等，也都能传达出各自需要的军事信息。

▲ "王命＝传凭"铜虎节 楚

此节是调动军队、出入关驿及征收赋税的凭证，用时双方各持一节，合符验证无误才能生效。公元前 257 年，秦军围攻赵都邯郸，信陵君就是窃取了魏王的虎符，方得以调动魏军救赵。

◀ 雁门关

古时，流水也成为军情传递的辅介，用水传递军情，就是借助河水自上而下日夜不息的流动，从上游向下游传递紧急军事情报。隋大业十一年(公元615年)，隋炀帝被突厥围于雁门关(今山西代县西)，遂"以木系诏书，投汾水而下，募兵赴援"(《新唐书·太宗纪》)。

▶ **风筝**

用风筝传递军情，前代已有之，至魏晋南北朝时期用得更为普遍。侯景叛乱，兵围建康，梁武帝于城内乃"缚鸢飞空，告急于外"（《独异志》卷中）。

◀ **郭子仪像**

蜡书（又名蜡丸）作为重要的秘密通讯方式，在唐时已普遍使用，就是将秘密书信搓紧为小团，外面以蜡封裹，信使可以将其藏在衣服的夹层、发髻中，必要时可以塞入肛门，甚至埋入皮下，以确保不致泄密。唐代宗大历元年（公元776年），华州节度使周智光叛乱，形势危急，唐代宗就是通过递送蜡书征召驻于河中（今山西永济蒲州镇）的郭子仪大军前来保卫京师、平息叛乱的。图为平叛有功的郭子仪。

▼ **骑马信使图 三国**

三国时期战事频繁，来往交通以马匹为主，图中的骑马者，即为庄园中的信使，专为庄园主传递消息和信物。

▲ 横塘驿站 元

元代疆域广阔，自成吉思汗始，蒙元就建立起一个十分发达的交通系统，这个系统的基本单位就是站。横塘驿站位于江南胜地苏州，始建于元，处在水陆交通要冲，为苏州驿传中枢。

▲ 满文木牌

现存辽宁省档案馆的一批清朝入关前的满文木牌，是传递军事情报的信件。

◀ 信鸽

长沙马王堆汉墓出土的帛书《相马经》就相马眼指出："欲如鸽目，鸽目固具五彩"，可见在春秋战国时期的中国南方，就已经有了目色不同的鸽子。人们利用鸽子的归巢习性及其善飞耐翔能力，开始对之进行定向的饲养与管理，并逐渐开始用来作为通信的便捷工具，军情传递的很大一部分便由信鸽分担了下来。此后历朝历代均仿效此法，直至现代。

长勺之战

CHANG SHAO ZHI ZHAN

——后发制人的卓越战例

交战双方：齐国军队和鲁国军队

交战时间：鲁庄公十年（公元前 684 年）春

将帅档案：曹刿：鲁国人，后被庄公任为大夫；其后发制人的军事思想对后世战争有深远影响；后胁迫齐桓公与鲁订立和约；长勺之战鲁军决策者。齐桓公：齐国国君，春秋第一霸；姜姓，名小白；在位时任管仲为相，使齐国成为东方强国，后成霸业；长勺之战齐军统帅

投入兵力：齐军多鲁军少

使用兵器：铜制戈、矛、戟、弓箭、战车

交战结果：齐师败逃，鲁军卫国胜利

历史背景

公元前 770 年周平王东迁洛邑后，我国历史进入春秋时期。齐、鲁是东方两个重要的诸侯国，两国毗邻但齐强鲁弱，经常发生摩擦。

前 686 年冬齐国内乱，襄公被杀，流亡在外的齐公子小白和纠争先回国继位，结果小白先入国，是为桓公。鲁国力推的纠则被杀。桓公对鲁支持公子纠一直耿耿于怀，齐鲁矛盾激化。

精彩回放

前 684 年春，齐桓公不顾管仲劝阻，亲率一族之师兴师伐鲁，以报复鲁国以前支持公子纠当齐国君主的行为。

时为鲁庄公十年，庄公决心卫国拒敌，于是动员了全国兵力准备抵御强齐。鲁国有一个叫曹刿的，认为当政者平庸，不足以承担卫国战争的重任，于是进见庄公请求随从作战。

齐鲁两军在长勺对峙。双方排兵布阵完毕，庄公要下令擂鼓出击，曹刿急忙劝止。他建议让鲁军坚守城池，伺机破敌，庄公接受了。而齐军则击鼓向鲁军阵地发起冲锋，但在曹刿

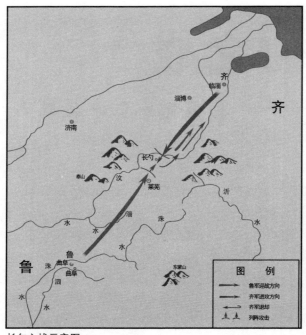

长勺之战示意图

严密的战略防御工事下宣告失败。

齐桓公求胜心切，命令齐军击鼓发动第二次攻击。庄公又准备让鲁军倾巢出动迎击齐军，曹刿认为齐军士气仍然旺盛，就劝庄公不要传令进攻，再等一等。鲁军的坚守再一次让骄横的齐军无功而返。齐军士气开始下降，没有了刚来时的锋芒。齐桓公遭受重大挫折却未取得一丝战果，岂肯善罢甘休？短暂休整后他下令第三次击鼓，齐军再度扑向鲁军营盘，但已两次击退齐师进攻的鲁军继续以逸待劳，防守更加熟练、全面，齐军第三次攻鲁高潮也被打下去了。桓公的军队情绪低落，将领们一个个神情沮丧，对战胜鲁军丧失了信心。

这一切都被敏锐的曹刿看在眼里，他对早已按捺不住的庄公说：主公，下令出击吧！在齐军丧失斗志的同时鲁军的斗志却饱满膨胀，庄公一声令下，鲁军个个如猛虎下山，潮水般杀入齐阵。齐军大乱，开始退却。庄公欲下令紧追。曹刿说：且慢！他登上一辆戎车远眺齐军，只见齐军战车乱行，战旗东倒西歪，知道齐桓公这次是真败了，而不是诈诱鲁军深入齐军营地，于是跳下车对庄公说：可以追击了。庄公号令实施追击，鲁军争先恐后，一鼓作气把齐军赶出了鲁国。

齐桓公遭到重创，狼狈退回齐国。长勺之战中鲁军在曹刿的指挥下以少胜多，以弱胜强，取得了一场齐鲁交锋史上罕见的大胜。

策略战术

后发制人，以逸待劳；避敌锋芒，一鼓作气；积极防御，伺机反击；取信于民，提高意志。

重大意义

长勺之战是我国军事史上后发制人的典型战例，对后世战争框架的建构具有里程碑式的意义。

军事知识

"后发制人"

指开始时积极防守、消耗敌人实力并酝酿战机，而后利用对方心理松懈而发动反攻的军事战术。

HONG SHUI 泓水之战

ZHI ZHAN ——"诡诈奇谋"崛起

交战双方:	宋国军队和楚国军队
交战时间:	前 638 年冬
将帅档案:	宋襄公 (? ~前 637):春秋时宋国君,名兹父,前 650 ~前 637 年在位,齐桓公死后,他与楚争霸,一度为楚所拘,信奉"仁义"取胜。楚成王:熊恽,在位时积极扩展疆域,迫使荆南众小国臣服楚国,还屡屡北进中原与诸侯特别是与晋国争霸,泓水之战楚军统帅
使用兵器:	青铜铸造的刀、镞、戚、戈、矛、钺、盔、甲等
交战结果:	宋军大败,楚在中原势力得到发展

历史背景

　　春秋第一个霸主齐桓公去世后,中原诸侯失去了攘夷安邦的领导人,开始互相攻伐不已,长期受齐桓公遏制的南方强国楚国趁机北上中原,欲攫取霸权。楚国的北向渗透引起华夏诸侯的不安,于是一向标榜仁义的宋襄公欲效仿齐桓公,领导诸侯抗衡楚国以实现霸业。但宋是小国,楚并不畏惧,决心教训一下宋襄公。

精彩回放

　　前 643 年齐桓公死后,楚国又肆无忌惮起来。中原宋国国君襄公希望领导华夏诸侯压制楚国以实现霸业,他约楚成王在盂地会盟,代表中原诸侯与楚谈判。事前他的庶兄公子目夷建议他多带兵车以防不测,但襄公自认为楚成王不会不守信义,并不听此忠言,还是轻车简从前往盂地。

　　由于宋国没有齐国强大,所以楚国并不害怕私押宋襄公会有多么严重的后果,还挟着他攻打宋都商丘,幸亏宋太宰子鱼率全城军民顽强抵抗,才抑制了楚军攻势,使楚军围商丘数月却不克。后来,在鲁僖公的调停下,襄公才得以被释放回国。宋襄公受此奇耻大辱,忿恨难平。他大骂成王不讲信义,但自知军力非楚国对手,为了挽回自己为楚

竹弓

春秋时期，打仗时攻车上载乘三名军士，其中甲首为持弓主射者。

俘虏而失去的尊严，他决定兴师征伐楚国的盟国郑国以显君威。大司马公孙固和公子目夷认为攻郑会引起楚国干涉，劝其罢兵，但襄公一意孤行，率军伐郑。

郑文公闻知宋师入侵，忙求救于楚。成王立即起兵攻宋以救郑。襄公得到消息，也知事态严重，不得不从郑撤军，于前638年10月底返抵宋境。这时楚军尚在陈国境内向宋挺进的途中，襄公为阻击楚于边境，就令宋军在泓水以北屯扎列阵，等待楚军。

前638年11月1日，楚军进至泓水南岸并开始渡河。宋大司马公孙固建议襄公：敌众我寡，如今我军阵势已布置好，而楚军尚未涉岸，此乃先机！乘楚军半渡，未扎阵脚，我军进攻它，它必然不及防御而败退。但如此妙计却为襄公断然拒绝：卿言差矣！我军乃仁义之师，怎么可以乘人之危呢？那样胜之不武呵！于是楚军得以全部渡过泓水并开始布置阵形。

公孙固又进策：楚军阵势尚未排好，我军乘机攻击定能大胜！但襄公再次否决了他：你又错了！古人云：不鼓不成列。人家没摆好阵，你就攻打人家，太没有战争道德了！传出去别人会耻笑我们的，所以万万不可！再说了，如果上天不嫌弃我，殷商故业是可以得到复兴的，不存在什么先机后机。

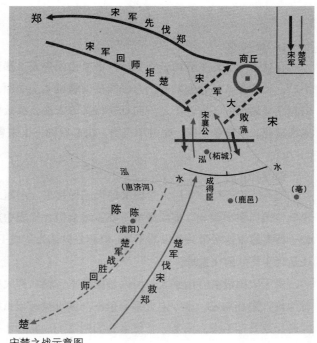

宋楚之战示意图

于是一直等到楚军布阵完毕，一切准备就绪后，宋襄公才下令击鼓进攻楚军。但弱小的宋军怎能敌得住身经百战的楚军？一阵格斗后，宋军受到重创，襄公本人大腿也受了重伤，精锐卫队（门官）全部被歼。

楚故都纪南城东南角鸟瞰

在公孙固等人的拼死掩护下，宋襄公才得以突出重围，狼狈逃回商丘。

泓水之战以楚胜宋败而落下帷幕。满口"仁义"教条的宋襄公在第二年因腿伤过重难以治愈，带着破灭的称霸梦黯然辞世了。

策略战术

"半渡而击"，先发制人（未能施行）；"诡诈奇谋"。

重大意义

标志着商周以来以"成列而鼓"为特色的"礼义之兵"的消亡及"诡诈奇谋"作战方式的崛起；给只知因循旧的教条、不切实际的本本主义者以深刻的教训。

军事知识

礼义之兵

指作战方式"重偏战而贱诈战"、信奉"信义"取胜而不注重实际情况的机械而不知灵活运兵的战法。

偏

车战二十五乘,指在双车编组基础上组成的掩护主军两侧受敌的战车编队。

CHENGPU
ZHI ZHAN
城濮之战
——战阵时代的经典战例

交战双方：晋国及其盟友军队和楚国及其盟友陈、蔡军队

交战时间：前632年4月4日

将帅档案：晋文公：晋国国君，春秋五霸之一，姬姓，名重耳，献公子，前636
年～前628年在位，在外曾流亡19年，积累了丰富的政治经验，即位
后任狐偃、赵衰、先轸等才俊为重臣，使晋富强并最终称霸中原；城
濮之战晋军统帅。子玉：即成得臣，楚大夫，胆识过人，作战勇猛，但
刚愎自用，较自负，城濮之战楚国统帅

使用兵器：戈、矛、戟等格斗兵器；晋国制木殳、弓、箭等抛射兵器；战车增多

交战结果：晋军胜利，晋文公确立霸主地位

历史背景

齐桓公死后，无人能制楚，楚国东侵北扩，势力渗入中原，咄咄逼人。重耳即位后
勤于政事，积极发展生产，晋国实力一跃成为华夏诸侯之首，是中原唯一能抗衡楚国的
诸侯国。晋的崛起引起了楚的不安，在中原霸权的争夺上两国矛盾日趋尖锐。

精彩回放

前633年，楚成王率楚军及陈、蔡、许诸国部队攻宋，围宋都商丘。宋成公派大司马
公孙固到晋国求救。晋大夫先轸认为这正是"报施救患，取威定霸"的大好机会，力主文
公出兵救宋，文公舅狐偃也积极赞成。文公采纳了他们的建议，并制定出战略方案。

晋文公将部队编为上、中、下三军（三阵），于前632年1月渡过黄河。根据战略方案，
晋军进攻卫国并将其占领，又于3月攻克曹都陶丘，俘虏曹共公。因为曹、卫是楚的依附国，
文公以为楚军必然弃宋而北上救曹、卫。然而楚不为所动，仍全力围攻宋都，宋再次向
晋告急。

晋文公感到进退两难：若不救宋，则对不住宋襄公当年的礼遇，而且宋敌不过楚而

晋文公复国图卷（之一、之二）　南宋　李唐

降之会使晋失去一个盟友，对晋称霸中原计划不利；但若移兵救宋，则使原定诱楚决战曹、卫之地的战略意图泡汤；且南下主动攻楚一来违背了自己在楚国对成王的承诺，二来使晋军远离本土，劳师耗财，对手又是强大的楚国，取胜很难。晋文公一筹莫展。这时先轸有了良策，他主张让宋国贿赂齐、秦两国，由齐、秦出面劝楚罢兵；并把曹、卫的一部分土地赠送于宋，使宋坚定抗楚决心；楚与曹、卫是盟友，看到自己盟国的土地为宋所拥有了，更不会放过宋国，齐、秦再善意劝解楚也不会听的；齐、秦这样一定怨恨楚不给面子，就会放弃中立而站到晋国一边，晋国实力就将压倒楚国，楚军就须小心了。

文公大赞"妙谋"，立即实行。楚国果然不听齐、秦劝解，继续围宋。齐、秦恼楚眼空一切，于是宣布与晋国结盟抗楚。

楚成王见晋军降曹灭卫，深知其实力非比寻常，而又结盟齐、秦，形势已开始对楚不利，就命令楚军退到申地，并撤回戍守齐国穀邑的申叔军，令尹子玉也被要求撤去宋围，避免与晋军交锋。他训诫子玉，晋文公德高望重，并非等闲之辈，晋军不好对付，凡事量力而行，适可而止。但骄傲自负的子玉对成王之言不以为然，坚持要与晋军决一死战，并派伯棼去向楚王请战，要求增兵。楚成王此时优柔寡断，最后抱着希望楚军侥幸取胜的心理同意了子玉的请求，但他又畏晋强大，怕失败了元气大伤，只派西广、东宫、若敖之六卒等人的少量兵力北上增援。

子玉得到支援，更坚定了与晋作战的决心。他派大夫宛春使晋，提出"休战"条件：晋让曹、卫复国，楚则撤离宋国。晋大夫子犯（即狐偃）认为子玉太无礼，晋应主动南下击楚 晋中军主帅先轸轻轻摇头以示不妥，他再次献策晋文公，这回只管教楚师铩羽而归。

晋文公私下答应曹、卫复国，但前提是曹、卫必须与楚绝交；并扣留宛春以激怒子玉北上挑战。子玉见曹、卫已附晋，而楚使被扣，认为受到巨大侮辱，勃然大怒，下令撤去宋围，移军北上伐晋。文公见子玉中计，暗暗高兴；子玉率军逼近曹都陶丘，文公传令晋军"退避三舍"，众将不解：仗还没打怎么就后退？文公说：楚军锋芒正盛，应暂先避开，这样还可以诱敌深入，后发制人；同时也算履行我当日对楚王"礼兵报恩"的诺言，没有人会说我身为一国之君，言而无信。众将暗自钦佩文公的眼光和气度。

子玉见晋军不战而退，以为文公胆怯，不过徒有虚名，于是催军追逐。楚军中有人感到事有蹊跷，建议持重收军，伺机再追；子玉斥责他们当断不断，贻误战机，认为聚歼晋军，夺回曹、卫指日可待。楚军追晋军至城濮。

晋军在城濮屯兵，齐、秦两军和刚被解围的宋成公军队赶来会合。而楚军此时军分三阵，严阵以待。前632年4月4日，晋军向楚军发起攻击，晋下军佐将胥臣把驾车马

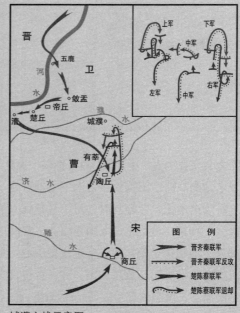

城濮之战示意图

匹蒙上虎皮，突然攻向楚右军——战斗力最差的陈、蔡军，陈、蔡军遭此突袭，加之又被虎皮迷惑，顿时溃散。

接着晋军又"示形动敌"。晋上军主将狐毛在战车上竖两面大旗，引车后撤假装退却；晋下军主将栾枝也用战车拖曳树枝使尘土飞扬，造成晋后军也退却的假象以诱楚军出击。子玉不知是计，命楚左翼子西进击。晋中军主帅先轸见楚军上当，便于佐将郤臻率最精锐的中军迎击楚左军，而狐毛、栾枝也乘机回军侧击楚左翼。楚左军陷入重围，后退又无路，只能接受被歼的命运。子玉见两翼均被消灭，情知无力挽回败局，无奈下令中军脱离战场，才没有全军覆灭。晋文公见楚军败，下令晋军战车乘胜追击，楚军残众拼命南逃退到连谷。

子玉羞愧难当，拔剑刎颈而谢战败之罪。城濮之战以晋军全胜而告终。

策略战术
诱敌深入，后发制人；蹦掉两翼，各个击破；诈败战术；争取同盟，扭转劣势。

重大意义
遏制了楚国向中原扩张；实现了晋国"取威定霸"的政治军事目标；战阵的成功运用对后世军事艺术有积极的指导作用。

扫码获取更多资源

崤之战

XIAO ZHI ZHAN

——一次彻底的歼灭战

交战双方： 秦国军队和晋国军队

交战时间： 前627年

将帅档案： 先轸(? ～前627)：因采邑在原，又称原轸，春秋中期晋大夫，著名军事将领；曾在城濮之战中献策晋文公击败强楚，使晋国称霸中原；初为下军佐，后累战功升中军元帅，掌握国政，崤之战晋军统帅。百里孟明视：百里奚之子，秦将，崤之战秦军帅

交战结果： 秦军被全歼

历史背景

城濮之战后晋国称霸中原。前628年晋文公病死，晋襄公继位。秦穆公早有争霸中原的野心，此时在郑国戍守的秦大夫杞子已掌郑都北门钥匙，派人报告穆公请发兵袭郑。秦穆公认为晋值国丧无暇顾及中原，于是不听大夫蹇叔的劝告，派孟明视等将率军经晋崤山远攻郑国。

甲片漆皮

春秋时期征战的珍贵历史物证，湖南长沙出土。

精彩回放

前628年冬，百里孟明视、西乞术、白乙丙奉秦穆公之命率秦军偷越晋境的崤山伐郑。晋国卿大夫先轸得到消息后对晋襄公说："秦国违背蹇叔的忠谏，因为贪婪中原的土地而劳民伤财，攻打偏远的国家，这是上天给予我们的机会，不能错过！我们应攻灭它，否则会留下祸患；诚请主公率军进攻秦军。"下军主帅栾枝提出异议："在秦国的帮助下文公才得以归国即位，我们若进攻秦国，岂不是违背先君的遗命吗？"先轸答道："秦不为我们国丧而悲痛，反而趁机攻打我们的同姓国家，他们如此无礼，我们还同他们讲什么恩施？我听说，'一日纵敌，数世之患'，为我们的后代着想，不能算违背先君遗命。

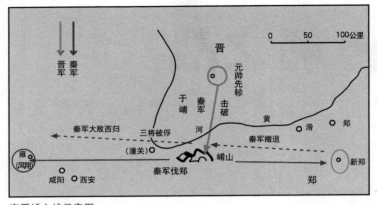

秦晋崤之战示意图

不遵循天意是不吉利的！"襄公于是同意出兵。

前627年春，襄公把丧服染成黑色，以先轸为中军元帅率晋军南渡黄河，控制了崤山北麓的险要路段，又联合了姜戎军队，晋军埋伏在原上，姜戎军多伏于沟谷，布好袋形阵以待秦军。

这时秦军已抵滑国境内，值郑国商人弦高在滑国贩牛，他判定秦师将袭郑，决定做出点牺牲以求挽救郑国。于是他牵十二头牛假托奉郑君之命，犒劳秦军。孟明视三帅不知是假，还以为郑国已知道秦军来袭的消息并作好了防范准备，他们怕攻郑攻不下来，围困郑国又没有长期的补充资源，遂放弃伐郑计划，灭了滑国后撤军回秦。

孟明视对晋军埋伏于崤山毫无所知，秦军很自然地进入晋军包围圈。当4月13日秦师全部进入崤山北麓峡谷隘道时，先轸令旗一挥，埋伏于两侧的晋军和姜戎军蜂拥而出，杀向秦军。秦军哪里来得及布阵防御抵抗？顿时被冲得七零八落，而兵车又无法回旋御敌，终于全军覆没，无一人得脱，孟明视等三帅全成俘虏。

崤之战以秦军的彻底被歼而告终。

策略战术
把握时机，果断出击；设埋伏阵；利用地形合力围歼；出其不意。

重大意义
崤之战是春秋时代一次典型的大歼灭战，充分显示了步兵利用复杂地形作战的灵活性和巨大威力，同时暴露出车兵在复杂地形下的拙劣；预示着"步兵复兴，车兵衰退"的必然趋势。

军事知识

毁车以为行
魏舒（晋）对兵阵的改革：由三阵改为五阵："两于前，伍于后，专为右角，参为左角，偏为前拒"，充分发挥了步兵的灵活性。

SUN ZI BING FA WEN SHI

《孙子兵法》问世

——春秋军事的全面总结

创作时间： 春秋末年

作者简介： 孙武（约前551～？），春秋时期吴国名将和伟大的军事理论家，字长卿，齐国乐安（今山东惠民）人，经伍子胥推荐，受到吴王重用。孙武成功指挥柏举之战，入郢破楚，使楚国受到了极大的打击和削弱；孙武著有《孙子兵法》，被后人尊崇为"兵圣"、"兵家之祖"和"兵家之师"

历史背景

春秋时期，各诸侯国之间的兼并战争十分频繁，战争规模越来越大。在不断战争的过程中，军事学开始萌芽，不少人不仅在实践中，而且在理论上探索战争的内在规律，考察战争与其他社会生活的内在联系。

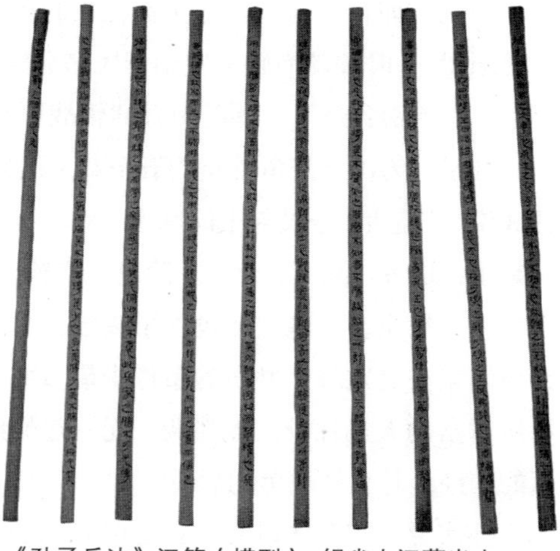

孙武生活的齐国，内部矛盾重重，内乱日甚一日。孙武于是来到了吴国。在吴都（今苏州市）郊外结识了从楚国来的伍子胥。吴王礼贤下士，任用伍子胥等一批贤臣，立志要使吴国强盛起来。孙武在隐居之地总结了前人丰富的作战经验，著成《孙子兵法》。

《孙子兵法》汉简（模型） 银雀山汉墓出土

内容介绍

《孙子》全书13篇，6000字左右，它的出现标志着中国古代较系统的军事思想体

"孙子"石碑

这是清代著名经济学家孙星衍在苏州留下的有关孙子情况的石碑。

系的基本形成。

《孙子》开始写道："兵者，国之大事，死生之地，存亡之道，不可不察也。"在这里，孙武把战争同国家的命运、民族的存亡及人民的生死密切地联系在一起，体现了他对战争问题的高度重视。他主张"慎战"，认为只有在迫不得已的情况下，双方矛盾不可调和，再也没有妥协余地时，战争才可以作为解决问题的手段。

孙武把战争同"利"的观念相联系，他明确提出："非利不动，非得不用，非危不战。"以此为出发点，孙武认为国家间是否进行战争的标准是"合于利"还是"不合于利"。这里的利，即物质利益，是实实在在的东西。至于为了炫耀武力，为了虚荣摆排场，凭主观愿望，一时冲动而轻率发动劳民伤财的战争，孙武是十分反感的。"主不可以怒而兴师，将不可以愠而致战"，即是对孙武慎战原则的精准概括。

孙子认为决定战争胜负的五个基本因素是：道、天、地、将、法；后人称为"五事"。孙武说："道者，令民与上同意也，故可与之死，可与之生，弗不诡也；天者，阴阳、寒暑、时制也；地者，高下、远近、险易、广狭、死生也；将者，智信仁勇严也；法者，曲制、官道、主用也。"这实际包含了政治、军事、经济、民生、自然条件等因素。孙武认为经济因素在决定战争胜负的条件中最重要，他指出，"用兵之害"最主要体现为对社会物质财富的大量耗费。他强调，无一定的经济实力作为战争的物质基础，战争是很难打赢的，经济是支持战争的后盾。

孙武说："合之以文，齐之以武，是谓必取。"所谓"文"，指运用政治教化手段来增强军队的凝聚力、向心力和精神意志；所谓"武"，指用军纪、法令来约束军队以增强战斗力、协调性，此二者结合，军队一定精壮强干。"文"上还包括"爱卒"和"善俘"；"武"上孙武提倡"赏信罚明"；孙武十分注重军队的精神文明教育。

"知己知彼"、"知天知地"是《孙子》战术指导的总纲。孙子主张，开战之前应对敌我双方具体情况进行周密考察以制定正确战术；而"知彼"则是要"五间并起"，以"反间"为主;"知天知地"同样重要,天时地利,不可不察也。

"致人而不至于人"是《孙子》战术指导的立足点。孙子认为只有创造条件,牢牢掌握战术主动权,才能使自己在战斗中立于不败之地。可采取两个措施:一,"以镒称铢",兵力上对敌形成绝对优势;二,善于造势,"善战者,其势险如彍弩,其节短如发机。"

"兵者诡道"、"示形于敌"是《孙子》制胜的主要手段。孙子认为,要克敌制胜,必须"兵不厌诈","能而示之不能,用而示之不用,近而示之远,远而示之近。"惟如是,方可"攻其不备,出其不意"。

"兵贵胜,不贵久"是《孙子》战术的基本要求。孙子主张速战速决,以最短的时间、最小的代价取得最大的战果。行动上要迅速,反应比敌快,"动如脱兔,敌不及拒";野战中运动歼敌,"以迂为直,以患为利",变不利为有利。

将才思想也是《孙子》治军思想的一个主要内容。孙子主张,为将者,应知识面广,视野开阔;体恤士卒,赏罚有信;作战勇猛,做好表率;严于治军,树立权威。做将领的应德才兼备。

战略上孙武推崇"伐谋","伐交",最好做到"不战而屈人之兵"。孙子提倡攻有攻招,防有防术;防中有攻,以攻为守。关于进攻,孙武主张"避实就虚",即选择敌人兵力薄弱的环节进攻;强调攻击的突然性;集中兵力;统一指挥,配合协调以增强军队的战斗力和对敌人的打击力度。

影响及意义

《孙子兵法》是世界上最早的、最重要的军事学著作之一,是中国古典军事文化遗产中的璀璨瑰宝;它的产生标志着中国古代军事思想体系的形成,在世界军事史上也具有重要的地位,影响深远。

《孙子兵法》被誉为"世界古代第一兵书",并被尊奉为"兵学圣典"、"百世兵家之师"、"万古不易之名著"。

苏州虎丘东岭的孙武亭
孙武的战争思想在中华军事发展史上闪耀着熠熠的光辉。

兵书——战争思想和实践的结晶

"三代"(夏、商、西周)时,文字的普遍使用和战争经验的积累,是军事思想产生最原初的客观条件。甲骨金文及早期典籍(如《尚书》、《易经》、《诗经》)对军事问题均有不同程度的探讨,专门性的军事典籍如《军政》等更是为传统兵学的形成奠定了基础。及至秦汉,兵学的发展开始重视军队建设和国防建设,并趋向于理论的整合,也出现了兵书整理和兵学流派分类。《汉书·艺文志·兵书略》更是以汉成帝时期的整理成果为基础,对中国兵书进行了大规模的著录和分类,它共分为兵权谋家、兵形势家、兵阴阳家、兵技巧家四大类,这基本上构架了兵学的理论范畴与层次,规范了兵学发展的方向。除了名垂千古的《孙子兵法》之外,还有一些兵书,如彗星划过,在久远的时空有过耀目的划痕。它们是中华军事文化的结晶,整个中华文明史也自有它们的地位。

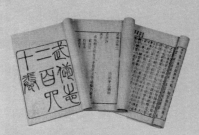

▲ 《武备志》书影

《武备志》系明代茅元仪汇编。全书共240卷,约200多万字,700多幅图,分五部分:"兵诀评"18卷、"战略卷"31卷、"阵练制"41卷、"军资乘"55卷、"占度载"96卷。各部分均绘图评说,史料丰富。《武备志》是一部大型军事百科类的兵书,为后世所推崇。

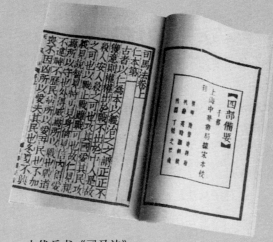

▲ 古代兵书《司马法》

共150篇,今本仅存仁本、天子之义、定爵、严位和用众等5篇。

▲ 《六韬书影》民国十年孟夏校印，扫叶山房发行

《六韬》是一部战国晚期至秦汉之间的兵书，现存60篇。《六韬》吸收了先秦诸子的思想而又自成体系，是一部综合性的兵书，《六韬》对军队的编制、装备、训练、通信、将领等问题进行了广泛的论述，对中国古代军事科学的发展具有一定的意义。

▲ 《诸葛忠武侯兵法》明张溥辑

诸葛亮早先隐居邓县隆中（今湖北襄阳西），以擅长谋略著称，被视为智慧的化身，他善于推演阵法，"八阵图"为后世传扬，曾制"木牛流马"，其革新的连弩能同时发射10支箭。

▲ 《唐太宗李卫公问对》浮雕及书影

《唐太宗李卫公问对》是唐太宗李世民与李靖多次议论军事问题的言论辑录，集中反映了唐太宗与李靖的军事思想，全书万余言，分上、中、下三卷，《武经七书》有其名目，它在中国古代军事学术史上占有重要地位。

▲ 《武经七书》

北宋神宗时，健全了武学制度，每年招收武生，练习兵法，演练武艺，三年后考试，按等第授官。1078～1085年，朝廷颁布《武经七书》作为武学和武举的统一教材，这在军事学术史上是一个创举。作为第一套军事教科书，它包括《孙子》、《吴子》、《司马法》、《六韬》、《尉缭子》、《三略》和《唐太宗李卫公问对》。

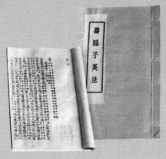

▲ 《歇冠子吴注》书影

《吴子》是吴起与魏文侯、魏武侯论兵的辑录。今本《吴子》分上下卷，有图国、料敌、治兵、论将、应变、励士等6篇，书中提出了一些重要思想，如"内修文德，外治武备"、"以治为胜"、"审敌虚实而趋其危"等。

▲ 《海国图志》 魏源著

清末出现"国人皆谈兵"的景象，涌现了一批高层次、高质量的军事著作和译著。《海国图志》初刊刻50卷本，1852年扩编为100卷，该书论述清朝海防理论，介绍各国地理分布和历史政治，主张西方科学技术，"师夷长技以制夷"。

越兴吴灭

——春秋最后一次大战

交战双方：越王勾践军队和吴王夫差军队

交战时间：前494年~前478年

将帅档案：勾践：越王允常之子，春秋五霸之一，前497~前465年在位，即位不久就打败吴军，使吴王阖闾重伤而死；两年后，吴王夫差破越，勾践被迫屈膝求生，后十几年"卧薪尝胆"，终灭吴。夫差：吴王阖闾之子，前495~前473年在位，夫椒一战使越降服，艾陵一战大败齐军，黄池会盟中原诸侯，后吴为越灭而自杀

投入兵力：吴军1万，越军4.9万

使用兵器：铜铁质刀、剑等；战船

交战结果：越军获胜，吴国灭亡

范蠡像

历史背景

吴王阖闾任孙武、伍子胥治国安邦，吴国崛起，柏举之战曾大败楚国，攻入楚都郢，威震华夏；地处浙北的越国在楚扶植下迅速强大，吴越两国开始长期争战。

前496年勾践继位为越王，吴国率军攻越。檇李一战越军用计大败吴军，吴王阖闾身死。子夫差立，在夫椒大败越军；越国向吴称臣。

精彩回放

前494年春，越王勾践得知夫差正积极扩军准备攻越的消息后勃然大怒，决定先发制人，教训一下夫差。大臣范蠡以为

不可："檇李一战我军之所以能打败吴军是因为我们是正义之师，进行的是卫国战争；

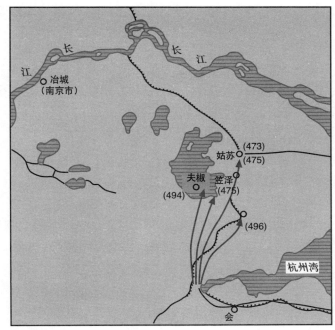

吴越战争图

现在陛下您征吴，师出无名，而吴人则是为君仇国难而战，势必斗志昂扬，我们取胜很难！"勾践听不进范蠡这番忠告，在准备不充分的情况下发兵攻吴。夫差闻得越军来侵，急忙把精心苦练的精兵集结起来并庄严誓师，两军在夫椒相遇，发生激战。吴军身兼救国难报君仇之重任，同仇敌忾，杀声震天。远道而来的越军当然不是这股杀气十足、训练有素的精兵的对手，损失惨重，被迫退却。夫差挥剑一指，吴军乘胜追击，一举攻陷越都会稽，并包围了勾践退守的会稽山。

越国危在旦夕。大夫范蠡建议屈辱求和。为免遭灭国，勾践派文种面见夫差请和，同时派人用金银财宝贿赂吴太宰伯嚭，让他在吴王面前从中斡旋。文种对夫差说：请大王您不要灭越，我国愿为吴附庸国，年年进贡；若您不许，我国军民将众志成城与吴血战到底！伯嚭也趁机进言，说越已臣服，何必斩尽杀绝，北上与齐争雄以称霸中原才是首要目标。夫差点头以示有理，但伍子胥直言进谏，恳请灭越，并指出越君臣卑辞厚礼背后隐藏的是灭吴野心，万不可答应勾践求和。夫差认为伍子胥危言耸听，说：卿勿复多言！太宰之言正合我意。伍子胥再次苦谏并诚言：今不灭越，后必悔之！夫差腻烦，伯嚭趁机谗言伍子胥目无君王，不成体统，夫差即命伍子胥自裁，并答应文种，撤兵回国。

此战越国元气大伤，勾践下诏罪己，而后委国政于诸大夫，带着范蠡、文种等人去吴国给吴王夫差作奴仆。勾践忍辱负重，对夫差极是恭敬，终于骗得夫差的信任。夫差五年，勾践被释放回国。归国后，勾践立誓灭吴，即令文种治政，范蠡整军，而自己食不加肉，衣不重彩，还"卧薪尝胆"警诫自己勿忘雪耻；又选美女西施、郑旦送与夫差享受，实施"十年生聚，十年教训"计划。而此时的

春秋战船
中国最早的水战出现在春秋时期，这是春秋时期的大翼战船模型。

夫差却声色犬马，荒废政事又穷兵黩武，搞得民不聊生，国家疲惫；夫差还大兴土木建姑苏台，与西施、郑旦昼夜狂欢。

前484年，夫差闻知齐景公死，便倾全国兵力北上伐齐，艾陵一战大败齐师，夫差威名远播而更骄横无度。他认为称霸中原时机已到，就于前482年7月7日约诸侯会盟黄池；吴太子支提醒他当心勾践趁机乘虚而入，夫差置若罔闻，率精兵3万北进中原。

勾践闻夫差北上，姑苏只有1万老弱病残兵守城，大喜，认为灭吴雪耻的时机终于来了。前482年6月12日，勾践调集越军4.9万兵分两路，一路由范蠡率领由海道入淮河，切断夫差归路；一路由畴无余等为先锋，自己率主力继后，从陆路直趋姑苏。吴太子支率兵到泓上阻击越军，他感到兵力不足，主张坚守待援。但吴将弥庸擅自率5000人出击，击败畴无余部，于是轻视越军，防范松弛。22日，勾践主力抵达，对吴军发起猛攻，吴军被围歼，越军进入姑苏，太子支被俘。时吴王夫差正在黄池与晋定公争先歃血，为霸主互不相让；僵持间闻得吴都沦陷的消息，夫差为封锁消息，七次杀死送信人；又用武士威胁晋让步，勉强做了霸主，而后日夜兼程回国。姑苏失守，吴军军心动摇，夫差感到反击越军没有把握，就派人向越求和。

勾践利用此战摆脱了对吴的臣属地位，但灭吴实力尚欠缺，于是接受和议，撤军回国。夫差向越求和后，由于连年战争消耗很大，就"息民散兵"，欲恢复力量伺机报复。而勾践利用缴获的吴国资财充实了越国，国势已强过吴国。

前478年，吴国发生空前饥荒，饥民多就食于海滨。勾践认为灭吴时机成熟，遂举兵伐吴。3月，进至笠泽，夫差忙率姑苏全部军队迎战，两军隔水对阵。勾践命左、右军卒隐蔽江中，半夜时鸣鼓呐喊，假装要攻击。夫差误认为越军兵分两路渡江进攻，于是即令大军一分为二，左右分军迎敌。勾践乘机率主力偃旗息鼓，潜行渡江，向吴军因调兵往左右而变得空虚薄弱的中间部位发起突袭。夫差军抵挡不住，溃退下来，勾践乘势挥师紧逼，夫差一败再败，退回姑苏城，越军把姑苏围了个水泄不通。

勾践准备长期围城，困毙吴军。夫差部队就这样一困三年，终于箭尽粮绝，"士卒分散，城门不守"。越军攻进姑苏。夫差拼死率残部逃到姑苏台上，旋即又被包围。夫差见大势已去，向勾践卑辞求和，但此时的勾践岂是 20 年前的夫差？他断然拒绝夫差求和。夫差绝望至极，用白帕掩面哀叹：我无颜在九泉下见子胥哉！旋自杀。吴国灭亡，勾践挟灭吴余威渡淮北上会盟诸侯，成为霸主。

越王勾践剑 春秋

古代兵器中的奇宝，出土时仍然寒光四射，锋利无比，可断发丝。此剑剑身饰黑色暗纹，剑格正面镶蓝色琉璃，背面镶绿松石花纹。反映了中国古代高超的铸剑技术。

吴王夫差矛 春秋

吴王夫差的专用兵器，矛中间起脊，有血槽，内中空，器身两面有黑色暗花。此矛不仅做工精美，且锋利无比，是吴国兵器中的珍品。

策略战术

韬光养晦，养精蓄锐；乘虚捣隙，连续进攻，不给敌人喘息反扑机会；充分准备后进攻。

重大意义

对水陆协同作战理念的完美实践诠释；纵虎归山后患无穷的教训对后世影响深远。

军事知识

随时而行

越国范蠡首创；指依据时机是否有利决定作战行动；条件不成熟，不能勉强出兵；条件成熟后要果断出兵。

越王勾践剑和吴王夫差矛

1965 年 12 月和 1983 年 11 月，在湖北省江陵县的楚墓分别出土了一把越王勾践使用过的青铜剑和一支吴王夫差使用过的青铜矛。越王勾践剑长 55.6 厘米，宽 5 厘米。剑身有黑色花纹，材料为铜和锡，正面有"越王鸠浅自乍用剑"铭文。该剑出土时置于黑色漆木剑鞘内，剑身光亮，无锈蚀，刃薄锋利。吴王夫差矛现仅存矛头，藏于湖北省博物馆。矛头为青铜铸造，长 29.5 厘米，宽 5.5 厘米。矛身有黑色花纹，材料为铜和锡，正面有"吴王夫差自乍用铍"铭文。矛刃锋利。这两件兵器的铸造工艺都达到了相当高的水平。

围魏救赵与马陵之战

——孙膑的精彩谋略

交战双方： 齐国军队和魏国军队

交战时间： 前 353 年；342 年

将帅档案： 孙膑：齐国人，孙武的后世子孙；战国时卓越的军事家，桂陵、马陵
之战齐军的实际决策者。庞涓：魏国人，与孙膑曾同师鬼谷子门下一
起学习兵法；桂陵、马陵之战魏军统帅

投入兵力： 魏军桂陵、马陵各 10 万；齐军 10 万余

使用兵器： 钺、戟、剑、矛、弓、弩等

交战结果： 齐军获胜，魏国霸权开始走衰

历史背景

春秋末年韩、赵、魏三家分晋后中国历史进入战国时
代。魏国在文侯、武侯几代贤王精心治理下成为战国初期
最强的国家，并在逢泽之会上首先称王，称霸中原。

前 356 年齐威王即位，他任邹忌为相改革吏治，
国势大盛；当时魏国东扩严重威胁着齐国，齐就
利用三晋间的矛盾展开了与魏的斗争。

精彩回放

前 353 年，赵国攻卫，迫使卫国臣服，
这引起了魏的不安。魏惠王要夺回自己的盟
国，便和宋组成联军包围了赵都邯郸并大举
攻城。鉴于局势危急，赵向盟友齐国救援。

孙膑像

齐威王采纳段干朋的建议积极筹划救赵。由于魏军主力攻赵，后方空虚，以前吃过
魏国大亏的楚国趁机派大将景舍攻魏；秦国也发兵攻打魏东少梁、安邑；魏三面受敌，

处境困难。但围赵魏军主将庞涓一心破赵，不为他局所动，继续强攻邯郸，赵国再次向齐告急。齐威王见魏、赵两国相持一年，已呈疲态，认为出兵与魏师决战的时机已经成熟；遂任田忌为主将，孙膑作军师，率齐军主力救赵。

田忌血气方刚，欲直奔邯郸与魏军主力厮杀以解赵围；孙膑深谋远虑，认为不妥，他提出"批亢捣虚"、"疾走大梁"的策略，并解析这样可以避实击虚，不必付出惨重代价即可解邯郸之围。田忌认为此策妙极，于是统率齐军主力向魏都大梁挺进。魏国此时已成四面受敌，更可怕的是齐国人击向了魏的心脏，庞涓无奈，以少数兵力控制千辛万苦刚刚攻克的邯郸，自己率魏军主力撤出赵国，回救大梁。这时，孙膑已安排齐军在桂陵潜伏，庞涓率军行至这里即遭到已等待多时的齐军突然截击。魏军在攻邯郸时已消耗很大兵力，再加上日夜兼程的行军，疲惫不堪，于是大败而溃；与此同时，邯郸也被赵军夺回。

魏国毕竟实力雄厚。桂陵遭重创10年后，元气又基本恢复，这时他把矛头指向韩国。韩国招架不住，遣使向齐国求助；齐威王召集群臣商议，齐相邹忌认为救韩劳民伤财，还是不救为好；而一向好与邹忌唱反调的大将田忌则主张救韩。威王问孙膑意下如何，孙膑主张"深结韩亲而承魏弊"，即向韩承诺必定相救，使韩竭力抗魏。待韩、魏格斗多时均人困马乏之际再出兵助韩。威王欣然采纳。

尽管韩国得到齐援承诺，拼命对魏作战，但李悝变法后得到改革的魏军相当有战斗力；韩军五战五败，再次向齐告急。齐威王认为时机已到，即任田忌、田婴为正副将，孙膑仍作军师，发兵救韩。魏国眼见胜利在望，又是齐国趁机来作梗，于是把矛头由韩转向齐。魏惠王待攻韩魏军撤回后，即命太子申为上将军，庞涓为将，率10万魏军扑向齐军，准备教训齐国。

面对气势汹汹而来的魏军，齐军师孙膑镇定自若，成竹在胸。他对田忌说：魏军精悍善战，一向蔑视我军，这次一定求战心切而轻骑冒进；我们可以示形惑敌，诱敌深入，伺机反攻，一举歼灭他。田忌赞成并制定了作战方案。

一切都在孙膑的算计之中。两军一接触，齐军就佯败

长杆三戈戟头部 战国早期

后撤。为了诱敌追击，孙膑施展"减灶"招数。第一天挖了10万人的灶，第二天减为5万灶，第三天又减为3万，造成齐军不堪魏军紧追而大量逃亡的假象。庞涓追击齐军3天，发现灶一天天减少，便认为齐军心涣散，已逃亡过半，于是率轻装精锐急进，日夜兼程赶到

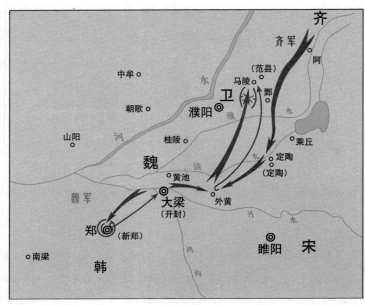

马陵之战要图

了马陵。马陵地险路窄，孙膑早看中此地形而命齐军埋伏于此，见魏军到，田忌一声令下，齐军万箭齐发，魏军不及防范，死伤无数，溃不成军。庞涓羞愧自杀，魏军前后被歼10余万。

策略战术

避实就虚，示假隐真，欺敌误敌，设伏聚歼；"以利动之，以卒待之"；将帅统一指挥。

重大意义

打击了魏国的军事实力；齐国威震诸侯，成为东方强国；围魏救赵指导了后世战争发展；避敌锐气、以劣胜优的宝贵军事思想成为后世军事理论的重要组成部分。

军事知识

示假隐真
造兵弱假象迷惑敌军，诱敌深入，变不利为有利，积蓄力量伺机伏击的战术。

HE ZONG LIAN HENG 合纵连横
——外交与军事的相互作用

交战双方：秦国和东方六国
交战时间：战国中后期
档　　案：张仪：战国时魏国贵族后裔，传曾学于鬼谷子，先游说于楚，后入秦，
　　　　　封武信君；执政时采用连横策略，迫魏献上郡，游说各国服从秦国；后
　　　　　相于魏，更元八年，又相于秦。苏秦：字季子，东周洛邑人氏，曾去东
　　　　　周，苏秦请求出仕，未被录用；回乡勤学苦读，头悬梁锥刺股，充分研
　　　　　究了当时七雄形势；其合纵战略促成东方六国结盟共同对付秦国
交战结果：秦扩张势头被遏制；齐国遭重创

历史背景

战国中后期，经过商鞅变法后的秦国日益强大，不断蚕食六国土地；六国受到威胁，惠施、公孙衍、苏秦便游说六国采用合纵策略，联合起来对付秦国；而张仪则游说六国与秦连横，瓦解六国同盟。

精彩回放

前 323 年，秦相张仪与齐、楚大臣在大啮桑相会，目的是要挟魏国。次年，魏以张仪代惠施为相，将联齐、楚的策略改为联秦、韩。张仪的动机是想让魏国先事秦，而后其他诸侯纷纷效仿；但张仪处处为秦谋利益的行为激起东方六国的强烈不满。前 319 年，魏逐张仪回秦，这是张仪连横政策的一次挫折。

张仪像
战国时期魏国人，和苏秦同拜鬼谷子为师，学习纵横之术。

公孙衍任魏相后，采用合纵策略，并组织了一次五国攻秦的军事行动。魏、赵、韩、楚、燕联军一直攻进函谷关。但联军内部矛盾重重，互相倾轧而达不成一致，在秦军反

士的崛起

战国时期，养士之风盛行，著名的"战国四公子"都有养士千人。养士与主人之间建立起一种新型的隶属关系。张仪、苏秦便出自于这样的阶层。

击时，联军不战而退，在修鱼秦军还斩杀三晋军 8 万人。这次合纵军事活动也没有达到预想的效果。

秦国自恃强大，觉得与六国同时为王显不出自己的尊贵。秦昭王于是派穰侯魏冉入齐，相约称西、东帝，齐湣王不假思索，欣然同意。于是秦、齐称帝，但不久秦、齐的如意算盘就化为泡影了。苏秦从燕使齐，游说齐王去帝号，齐王为苏秦的如簧巧舌所说服，于前 288 年 12 月宣布去帝号，使秦战略上陷入被动，充分暴露了其野心而成众矢之的。六国于是联合起来，再合纵攻秦。

前 287 年，苏秦率齐、赵、韩、魏、燕五国联军攻打秦国。五国各心怀鬼胎，齐国想灭宋，而秦相魏冉想得到宋都陶邑作为封地，所以就成了齐灭宋的最大障碍，齐国处心积虑要削弱秦国。而韩、赵、魏参加合纵军事行动是出于怕秦攻打他们，与其如此不如先发制人。孟尝君田父在促成五国合纵攻秦上起了重要作用。至于燕国，则是为了顺应趋势而参加的。

五国联军进抵荥阳、成皋时便停住了，没有大举进攻秦国，原因是苏秦利用攻秦助齐王灭宋的阴谋败露了。联军刚集结，齐就进攻宋地平陵，齐国这一自私做法损害了这次军事活动的大局，引起其他国家强烈指责。于是韩、赵、魏、燕四国相继与秦讲和，退回关东。这次合纵军事行动尽管没能沉重打击秦国，但也收到一定成效：秦王取消帝号，并把前所攻占的赵、魏部分土地归还给赵、魏。

前 286 年，齐国趁宋国君无德、民不聊生之际灭掉了宋国，使自己领土空前扩展。

军事知识

合纵连横

战国时期各国政治、军事、外交斗争的重要策略；"纵者，合众弱以攻一强；横者，事一强以攻众弱"。

齐还南侵楚淮北地，西侵三晋，胁迫邹、鲁之君向齐称臣。这一系列举动引起其他六国的不安，于是齐成为诸侯的斗争对象。

秦国于是积极策划合纵攻齐行动。在此后一年多的时间里秦王先后与楚王、魏王、韩王相会，燕王与赵王相会，六国落实合纵攻齐事宜。为先声夺人，秦王派兵借道韩、魏攻打齐国，占领了齐国九个城池。

而最痛恨齐国的是燕国。当年齐曾乘燕国内乱攻入燕并占领燕都蓟，杀了燕王哙和相国子之，并在燕逗留三年，为非作歹，让燕人饱受欺凌。燕昭王即位后励精图治，准备向齐复仇。经过28年努力，国势增强；他任乐毅为亚卿，言听计从，乐毅结合现实状况，主张联赵、魏、楚伐齐，燕昭王大力支持。

前284年，乐毅率燕、秦、赵、魏、韩五国联军合纵攻齐。齐忙任触子为将迎战。在济西五国联军和齐军展开激烈厮杀，结果在乐毅出色指挥下联军大胜。齐又以达子为将，企图止住联军前进势头，但仍无起色，达子阵亡，齐师再退。在齐大势已去的情况下乐毅遣返了秦、韩军队，并遣魏军攻占宋国故地，赵军攻占河间之地，而自己亲统燕军主力直插齐都临淄，并兵分五路追击败寇逃军。

齐国由于长期穷兵黩武，人民不堪重负，军队厌恶战争，士气低落，故燕军得以长驱直下，半年时间就攻占齐70余城，只剩下莒和即墨还负隅顽抗。在五国合纵攻齐的战争中，齐国受重创，不再是东方强国了。这客观上为秦国东进兼并六国提供了方便。虽然田单后来复齐国，但东方六国的内耗更使他们衰弱了。

策略战术

合纵连横战略；争取与国，孤立敌国；争取民心所向。

重大意义

一定程度上制约了七雄间的兼并战争；使七雄权力均衡，互受牵制。

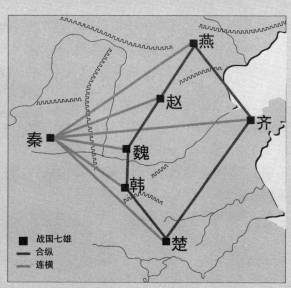

合纵连横示意图

战国末年，各国都展开积极外交，以争取盟友、削弱敌国。"合纵"即合众弱攻一强，攻击对象或秦或齐，以秦为主。"连横"指事一强而攻众弱，主要以秦国为中心。"合纵""连横"为秦强众弱格局下所出现的政治局面。

即墨之战

——匡复齐国的反间计

交战双方：齐国田单军队和燕国骑劫军队

交战时间：前283年

将帅档案：田单：齐国名将，临淄人，初为小吏，后被拥立为大将；用"火牛阵"收复齐全部失土，以功封安平君，任国相。乐毅：燕国名将，赵国灵寿人；前284年统率六国军队攻齐，仅用6个月时间攻占齐70余城，因功封昌国君，后被齐离间而去职。骑劫：燕国人，代乐毅为燕军统帅

投入兵力：齐5000精壮士兵，1000多头"火牛"

使用兵器：铁制戟、矛、匕首

交战结果：田单胜利，收复疆土

历史背景

前286年，齐国灭掉了宋国，国土大增；同时齐还四出侵犯，这引起了其他诸侯的恐惧和不安。于是各国联合起来把斗争矛头指向齐国。前284年，燕将乐毅率六国军队伐齐，济西一战大败齐军，乐毅所向披靡，齐国几近亡国，只剩下莒和即墨两城没有被攻下。

田单像

精彩回放

前283年，齐臣王孙贾等拥立齐湣王子法章为君，是为齐襄王；并号召民众与齐国军队一起守莒抗燕。乐毅调整战略部署，令右军和前军攻莒，左军和后军攻即墨。

自伐齐以来势如破竹的乐毅这时才遇到了真正的对手。齐即墨守将战死，大家钦佩

田单"以铁笼得全，习兵"，推举他为即墨守将。乐毅与田单在即墨相持一年，燕军仍无法攻破即墨。燕军撤至距两城9里的地方筑垒屯军，乐毅下令凡城中居民出来的不要拘捕、有难者予以赈济，希望用攻心战争取齐民，弱化他们的意志。但3年过去，两城仍未攻克。

前279年，燕昭王死，惠王即位，惠王在做太子时就与乐毅不和，且对3年未下齐二城心存怀疑。两人的矛盾被田单得知，田单计上心来，他派人去燕国行施反间计，诳称乐毅是有意不拔的两座孤城，是想争取民心而在齐称王；若换了别的将领，即墨早攻克了。燕惠王果然听信谣言，派骑劫去代替乐毅。用兵如神的乐毅被一个毫无战术头脑的人替换，燕军将士为此愤愤不平。乐毅遂投奔赵国。

燕军换帅，田单闻知大喜。为进一步激励士气，田单命人散布谣言说齐人最怕割鼻子、挖祖坟了；骑劫果然中计，命割去被俘齐军的鼻子，掘齐人祖坟，焚毁齐人祖先尸骨。燕军的暴行使齐国人个个恨之入骨，纷纷请命要与燕军决一死战。田单积极部署反攻，他派使者去见骑劫说，即墨准备投降了；还以老弱、妇女登城守望，让燕军误认为齐军精壮已伤亡殆尽，缺乏继续作战能力了。燕军于是放松了警惕，一心坐等受降即墨。

田单认为反攻时机成熟，便征集了1000多头牛，在牛角上绑上锋利尖刀，在牛身上涂上五彩龙纹，在牛尾上绑上浸满油脂的芦苇，在城脚挖好几十个洞直通城外；又挑选5000名精壮士兵跟随牛后。是夜，田单命点燃牛尾上的芦苇，驱赶"火牛"猛冲燕军，5000精兵随之杀出。全城军民播鼓击器以助威，一时间火光通明，杀声震天。燕军猝不及防，四出逃命，齐军乘势直追，燕三军阵势被冲得七零八落，逃命途中又自相践踏，死伤无数。燕军主力彻底溃败，主将骑劫死于乱军之中；田单命令大举反攻，各地齐民纷纷响应，截击燕军，很快燕军全部被逐出齐国，沦陷的70余城全被收复。

策略战术

出奇制胜；反间计；出其不意；乘胜追击，不给敌人喘息机会。

重大意义

使齐得以复国；在战术上积极创新，推动了战争艺术的更高层次发展。

坚甲、利兵、强弩
——铁兵器时代的来临

　　1965 年，在河北易县燕下都 44 号墓的考古过程中，发现大量铁兵器，有矛 19 件、戟 12 件、剑 15 件以及刀、匕首、胄等；河北易县燕下都还出土了战国铁铠甲片和铁兜鍪，都是迄今为止所发现的时代最早的铁制胄甲；1976 年，在湖南长沙杨家山 65 号春秋晚期墓出土了一把钢剑，据考古学家考证，它是年代最早的钢剑；在河南省西平县，考古学家们发现了大量古人炼铁的遗迹。2000 多年前，这一带是韩国的冶铁中心，铁器生产在当时已有一定规模；就目前已出土的上千件先秦铁器中，绝大部分是战国中晚期的，其中铁兵器占有相当的比重。因此，我们不难得出这样的结论：战国中晚期应该是我国军事发展史大规模地进入铁兵器的时代。

　　自古以来，兵器对于历代兵家来说是至关重要的，因此历朝历代都很重视对兵器的改进及习练。原始社会向奴隶社会过渡时期，部落成员的石制劳动工具，常常又是随身携带的武器；夏代开始时沿用石制兵器，后来有所改进，有了少量青铜兵器；商周时期

十八般兵器

的军队已经开始使用青铜兵器，并且较为普遍，而且兵器种类增多，质量也大有提高；到了战国时期，由于铁的藏量较为丰富，铁器的坚硬度比铜制品强，又易于铸造，因此，铁兵器逐渐代替了铜兵器，品种更为齐全。

据古籍记载以及大量的出土文物表明，战国时期的兵器有戈、戟、矛、殳、斧、钺、锤、锥、刀、剑、匕首等，都被极为广泛地应用于战争中。两军交锋时，士兵身衣铁甲，手拿铁杖、铁斧、铁刀、铁钺、铁矛等兵器。

战国时期最有代表性的兵器应首推改用铁制的"戟"和"铁铠甲"、"铁弩"等。

戟由戟头和戟柄组成，是中国古代将矛和戈功能合为一体的格斗用冷兵器。戟头用金属材料制作，戟柄为木质或竹质。戟最长可达3米多，既能直刺，扎挑，又能勾、啄，是步兵、骑兵使用的利器。战国以前戟是青铜制的，到了战国时期出现了铁戟，其中最有名的是战国三戈戟。

铠甲是中国古代将士穿在身上的防护装具。战国后期，随着钢铁兵器的大量使用，兵器日渐锋利，防护装具不得不也随之发生了变革，铁铠甲开始出现。战国时期铁甲的前身为青铜甲，是一种比较简单的兽面壮胸甲，通常以铁片制成鱼鳞或柳叶形状的甲片，经过穿组连缀而成。和铠甲配套使用的是铁兜鍪，也叫"胄"，后来叫"盔"。河北易县燕下都出土的铁兜鍪是用89片铁片编成的，从顶部一层压一层编缀，共7层，全高27厘米，无论从做工还是从结实程度上看，都表明当时铁制品的工艺已经非常精湛。

战国时期，还出现了弩机。弩机是一种利用机械力量射箭的装置，可以提高射程和杀伤的能力。弩由弩弓、弩臂、弩机三部分组成，弩机由青铜或铁制成，

皮甲胄复原模型 春秋
春秋战国时期征战频繁，甲胄的作用非常重要。

连发弩 战国中期

足蹬弩施放图
山东武梁祠出土

包括牙、牛、悬刀三部分。当时的弩，种类很多，有用手臂发射的"臂张弩"，也有用脚踏发射的"蹶张弩"等。马陵之战"万弩齐发"，就显示了弩的强大威力。战国时代各国军队都普遍装备有弩机，并在弩的改进上都下了很大的功夫，魏军有"十二石之弩"，是指这类弩弓弦拉开的力量相当于 12 石的重量，韩国的劲弩射程能达 600 步开外。

战国时期的著名军事家吴起规定，"要能身穿三层铠甲，头戴铁盔，腰佩利剑，操二十石强弩，带箭五十支，肩扛长矛一杆，背三天的干粮，每天能行走一百里"者，方可被提升为军官。可见，在战国时期，坚甲、利兵、强弩已经是很常见的兵器。同时，通过吴起所言也不难想象得出"坚甲、利兵、强弩"对军士来说是具有相当的地位和分量的。

军事知识

兵器的分类

一般武器的分类方法，是以武器的基本性能来进行分类的，在有了以火药为能源的武器之后，便有了以是否使用火药来分类的方式。根据这个分类法，就把不使用火药、以人体为"能源"的刀、枪等古代就有的武器叫作"冷兵器"，而把火药燃烧作为能源的步枪、火炮称之为"火器"。

胡服骑射

——骑兵的崛起

HU FU QI SHE

改革国家：赵国

改 革 者：赵武灵王（前325～前299），名雍，赵国第六代国君，我国封建社会初期
杰出的政治家和军事家；前299年他传王位于次子赵何，即赵惠文王，自
称主父，后饿死沙丘宫

改革结果：增强了赵国的军事实力，加强了民族融合，推动了中华民族文化的进步

赵武灵王胡服骑射复原图

历史背景

三家分晋后，赵国拥有北方大片土地。东北与东胡、燕国接壤，东与中山国、齐国接壤；西北与林胡、楼烦接壤，西南与秦接壤，南与韩、魏接壤。赵国边患一直骚扰不断。

精彩回放

赵雍即位后，是为赵武灵王。由于赵国所处地理环境恶劣，他决定推行"胡服骑射"的军事改革以富国强兵，来抵御外患的侵扰。他对大臣肥义说："我国处于众多外患的包围之中，如果没有强大的军队，很容易灭亡。为了避免悲剧发生，今吾将胡服骑射以教百姓。"肥义是个开明臣子，他表示支持赵王的改革。

改革措施甫定，赵武灵王第一个穿上胡服，并派人告知公子成请其穿胡服。公子成是赵武灵王的叔父，在赵国影响力很大。他先是以不能"变古之教，易古之道"为由拒绝穿胡服。赵武灵王于是亲至公子成家，反复说

身穿胡服、头戴胡帽的匈奴骑士

明事与礼可以随时代而变，并讲述胡服的优越性，赵要想永远立于不败之地，就得改革以加强军事实力。赵武灵王表示要继承赵简子、赵襄子的事业，振兴赵国。赵武灵王的慷慨陈词，令公子成备受感动，于是第二天他便胡服上朝。公子成对胡服骑射改革的支持，使得赵武灵王有信心将这项军事改革坚决贯彻下去。

赵武灵王向全国发布胡服命令。这时有王族赵文、赵造和王子傅周绍等臣向赵武灵王进谏以质疑胡取骑射，不断陈述习俗、礼教的不可变更性，希望他收回成命。赵武灵王批驳说："三代不同服而王，五伯不同教而改"，"法度制令，各顺其宜，衣服器械，各便其用"。批评他们不知时变，不谙治国。他们最后不得不接受了胡服。王族赵燕迟迟不胡服，赵武灵王就警告他：若再不胡服，我将对你施刑戮以明法度！赵燕认错，立即胡服。

赵武灵王的下一步就是骑射。他把攻下的原阳（今山西大同北）改为"骑邑"，用来培训骑兵。大臣牛赞进谏："使不得！大王，国家和军队的常规是不能改变的。"赵

军事知识

战国服饰

战国时期，由于连年战争，各种礼仪逐渐废除，战国七雄齐、楚、燕、韩、赵、魏、秦各诸侯国的服饰相应地产生了一些变化。从近年湖南长沙出土的战国楚墓中所见彩绘木俑，可以看到当时很有代表性的服饰特点。所谓"绕衿谓裙"就是指这种沿宽边的下身缠绕而成的肥大衣服。其缠绕是将前襟向后身围裹的式样，反映了古人设计思想的灵活巧妙，即采取横线与斜线的空间互补，获得静中有动和动中有静的装饰效果。制衣用料轻薄，为防止薄衣缠身，采用平挺的锦类织物镶边，边上再饰云纹图案，这即是"衣作绣，锦为沿"，将实用与审美巧妙地结合，充分体现了古人设计的智慧与聪敏。

跑马道

遥想古人在这条道上驰马的勃发英姿，依然让人心旌荡漾。

武灵王立即驳斥他：依你说，经济发展，社会进步了，国家和军队还应该是一成不变吗？
"今重甲循兵，不可以踰险；仁义道德，不可以来朝。"牛赞被斥责得无言以对。从这
里可以看出，赵国胡服骑射改革的过程是艰难而又曲折的。这不只是单纯的易服，而且
还是一场尖锐的思想政治斗争。

赵国原来的服装是宽袍大袖，里三层外三层，十分烦琐；改为胡人服饰后变成紧身
短装，束皮带，穿皮靴，轻巧利索，很适合马上训练、作战。赵武灵王组织培养出一支
强大的骑兵，使之成为赵国军队中一个重要组成部分，为赵国发展成为东方六国最强国
做出了卓越贡献。春秋以来，骑兵虽已出现，但数量很少，在军队中地位无足轻重。赵
武灵王通过骑射改革，建立起强大的骑兵队伍，这为中原国家军队的发展提供了范例。
在此影响下，各国逐渐建立起步骑兵代替车兵成为主力兵种的新式兵制。

胡服骑射改革后，赵国军事实力得到很大程度的加强。赵武灵王率领他的骑兵攻占
了林胡、楼烦大片土地，建立云中郡、雁门郡。前305年，赵国大举进攻中山，夺得许
多土地；前296年，赵灭中山。赵武灵王还在北方东起无穷之门，向西沿阴山直到高阙
塞修筑长城，置兵戍守，并实行进步的民族和睦政策，保护了边地人民的生产和生活，
加强了局部统一，解放了内地依附于吏大夫的奴隶，让他们充实九原等地，这样就开发
了广大边地，加速了封建化进程。

战国后期，赵国是东方六国中唯一能与秦国抗衡的国家，这与赵武灵王的"胡服骑射"
改革是分不开的。

重大意义

加强了赵国的军事实力，使赵国成为战国后期唯一能与秦国抗衡的国家；巩固了北
方边疆，为后来秦汉统一北方边疆奠定了基础；加速了中原汉族和北方游牧民族的交流
融合；骑射的发展加强了各地区间的交往和联系。

CHANG PING 长平之战
ZHI ZHAN
——惨烈的包围战

交战双方：秦国军队和赵国军队

交战时间：前260年

将帅档案：白起（？～前257）：战国后期秦国名将；又称公孙起，郿（今陕西眉县东）
人；屡败韩、赵、魏、楚军队，因功封武安君，长平之战秦军统帅。赵
括：赵国名将赵奢子，纸上谈兵，不懂实际运用，代廉颇为赵军统帅

投入兵力：赵45万，秦约40万

使用兵器：铁铊、铁剑、铁戟、铁甲等；箭弩

交战结果：秦军大胜，赵军40万被坑杀

历史背景

秦孝公用商鞅变法，秦国成七雄中最强国；张仪的远交
近攻外交战略让秦国不断蚕食六国土地；秦昭襄王时秦对
六国已构成战略攻势，白起为秦国夺得大片韩、魏、楚土地。

赵自武灵王"胡服骑射"军事改革以来国势
重振，军力较强，是六国中唯一能与秦抗衡的国
家。秦欲一统中国，赵成最大障碍。

名将白起

秦昭王十四年，白起官拜左史，率兵在伊阙击败韩、
魏等联军，升任国尉。秦昭王十五年，官拜大良造，
攻克楚都郢，被封武安君。

精彩回放

前261年，秦军攻占韩国野王（今河
南沁阳），韩国被拦腰截为两段，韩廷惶恐，
遣使求和，愿献上党郡于秦。然而，韩上党太守冯亭为了转移秦军矛头使韩赵联合抗秦，
就向赵王表示，愿把上党献给赵国。

利令智昏，赵王和平原君赵胜目光短浅，遂宣布上党郡并入赵国版图。秦王大怒

虼说：我战士浴血打败韩国，你赵国却坐享其成。秦王即命左庶长王虼率军攻赵，直逼上党。赵军不敌，退守长平，秦军长驱直入，进抵长平城下。赵王见秦军扑向自己，占领上党之喜顿无，急派大将廉颇率45万赵军开赴长平拒敌。

赵括像

廉颇到达后即命赵军出击秦师，但秦防守稳如泰山，赵军劳而无功。廉颇毕竟久经沙场，经验丰富，他迅速改变了战略，转攻为守，令赵军筑垒严防，坚守长平以疲秦师。秦军攻城一浪高过一浪，但均告失败。远道而来的秦军不宜持久战，但进却不得，退却又不甘，秦王一筹莫展。秦国毕竟人才辈出，秦王采纳良谋善计，派人携珍宝入赵贿赂赵王左右宠臣，让他们离间赵王和廉颇的关系，并散布谣言：廉颇只守不攻是懦弱表现，他已有降秦之心了；秦军不久即可拿下长平，但最怕赵王用马服君赵奢之子赵括为将，那样秦军就只有退兵了。

赵王果然中计，认为赵括精通兵法，年轻有为，于是不顾赵母和贤臣蔺相如的苦言劝阻，命赵括连夜赶往长平替代廉颇。秦王见离间得手，即派武安君白起接替王虼统领攻赵秦军，又增加兵力，欲一举攻下长平。

白起其人非同一般，伊阙一战斩韩魏军24万；南破楚都郢，焚楚夷陵；华阳斩魏、赵军15万；战功显赫，威震东方，纸上谈兵的赵括又怎是他的对手？赵括上任，一反廉颇所为，更换将吏，改变固守防御战略，让大小将领大为不满。接着他制定了进攻方案，传令准备出击。

公元前260年8月，赵括率赵军主力出城进攻秦军。两军稍事交锋后，白起命秦军佯败后撤，诱敌深入。赵括误认为秦军抵挡不住，便挥师紧追。当赵军前进到长壁后，预伏在这里的秦军主力精锐迎面扑来，赵军攻势受阻；白起又组织了一支轻装突击队直插过来。正面的秦军主力已让赵军疲于应付了，又怎经得起这一股新生力量的冲击？赵军渐抵挡不住，赵括欲退兵，但为时已晚：白起埋伏

军事知识

野战战术

参战兵力众多、战场范围广阔、持续时间较长、坚壁防御、诈败诱敌、突围等多种作战方式汇集的战术。

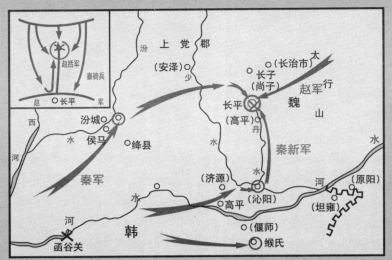

长平之战示意图

于两翼的 2.5 万秦兵在赵军与秦军主力格斗时已迂回到赵军侧后，抢占了西壁垒高地，截断了赵军的退路，赵军被全面包围。白起见袋形阵已形成，为防止这 "庞大猎物" 逃脱，"口袋" 还得系上口，他即派精骑 5000 迅速插入赵军营垒间，牵制、监视守营的那部分赵军，并切断赵军所有粮道。秦王闻赵军被围，便亲往河内把当地 15 岁以上男丁全编入军开赴长平增援白起，进一步断绝了赵国的援救。

9 月，赵军已被困 46 天，粮尽援绝，内部自残以人肉充饥；他们还不时受到秦军突击队的冲击，死亡的阴影笼罩着全军。突围四次失败后，赵括孤注一掷，亲领赵军精锐强行突围，结果再遭惨败，赵括本人也中箭身亡。赵军失去主帅，又身心疲惫，便放弃抵抗，40 万人全部投降秦军。白起怕赵军俘虏人多作乱，难以控制，便放生 240 名幼小士兵，其余全部坑杀。长平之战结束。

策略战术

诱敌深入围歼战术；离间计；孤立敌国，分化瓦解敌国同盟；君将统一，协调配合；把握时机准确出击。

重大意义

扫除了统一大业路上最大的障碍；极大震慑了东方六国；纸上谈兵、不知灵活用兵给后世以深刻的教训；围歼战术丰富了战争艺术。

长平之战不仅是决定秦能否统一的关键，而且在战略决策、用间出奇、战术调整等军事行动方面都具有典型的意义。

远交近攻

——伟大的军事谋略

远交近攻是中国古代的一种外交策略，是分化瓦解敌方联盟、各个击破、结交远离自己的国家而先攻打邻国的战略性谋略。

春秋初期，群雄并起，逐鹿中原。郑庄公在此混乱局势下，巧妙地运用"远交近攻"的策略，取得了小霸主地位。

郑国与近邻宋国、卫国结下了很大的仇怨，矛盾十分尖锐。为了避免被两国夹击的危险，郑国只好主动与邾、鲁以及实力强大的齐国等国结盟。可是，前719年，宋、卫真的联合陈、蔡两国共同攻打郑国时，鲁国却派兵协助攻郑，将郑国东门围困了五天五夜。

郑国意识到与鲁国的关系出现了问题，就想方设法与鲁国重新修好，以便

郑国故城遗址

共同对付宋、卫。于是，郑国就向鲁国积极发动外交攻势，主动派使臣到鲁国，商议把郑国在鲁国境内的访枋交归鲁国。鲁国与郑国重归旧好。

前717年，郑国借口帮邾国雪耻，攻打宋国。齐国出面调解郑、宋的关系，郑庄公表示尊重齐国的意见，暂时与宋国修好。齐国也因此加深了对郑国的感情，齐、郑的关系更牢固了。

前714年，郑庄公见与齐、鲁的关系都已牢固，就以宋国不朝拜周天子为由，代周天子发令攻打宋国，齐、鲁两国也积极助战。

郑、齐、鲁三国大军很快攻占了宋国大片土地。宋、卫军队也不甘示弱，避开联军

锋芒，乘郑国后防虚弱，攻入郑国。郑庄公索性把所占领的宋国土地全部送与齐、鲁两国，自己则迅速回兵，大败宋、卫联军，击败宋国，卫国被迫求和。

郑庄公势力强大起来，成为春秋时期的小霸主之一。

从郑庄公采取的策略可以看出，当实现军事目标的企图因地理条件而不能实施时，应先攻取就近的敌人，而不能越过近敌去攻打远离自己的敌人。为了防止敌方结盟，还要千方百计去分化敌人，各个击破。"远交"的目的，实际上是为了避免树敌过多而采用的外交诱骗。

"远交近攻"语出《战国策·秦策》，是范雎说服秦王的一句名言。

战国末期，七雄争霸。秦国经商鞅变法之后，势力发展最快，成为七雄中的强国。野心勃勃的秦昭王开始图谋吞并六国，以期独霸中原。

秦昭王把最先攻击的目标定为齐，因为齐国的势力相对其他五国来说是最强大的国家。秦昭王认为如果先灭亡了齐国，那么灭亡其他五国就太容易了。因此，秦昭王三十六年（前270年），秦昭王决定派穰侯越过韩、魏而攻齐。

这时，范雎对秦昭王说："大王的方案并不可行，齐国势力强大，离秦国又很远，攻打齐国，部队要经过韩、魏两国。军队派少了，难以取胜；多派军队，打胜了也无法占有齐国土地。而齐国的削弱对韩、魏两国有利，这岂不是在给韩、魏帮忙吗？王不如远交而近攻，得寸，则王之寸；得尺，亦王之尺也。"

范雎接着说："大王可以先攻打邻国韩、魏，再逐步推进。大王在攻打韩、魏的同时，可对楚、赵两国进行威胁。如果楚、赵都归附大王了，齐国必然会害怕，就会来事秦。只要齐国归顺了秦国，则韩、魏就可以攻破了。"

秦昭襄王采纳了范雎的建议，拜他为客卿，谋划军事。后来范雎代穰侯成为相国，开始逐步实施"远交近攻"的策略。

秦果然先出兵攻打韩、魏，同时，为了防止齐国与韩、魏结盟，秦昭王还派使者主动与齐国结盟。开始时，齐虽不愿意秦抢先兼并中原而图谋合纵伐秦，但它同时也怕其他小国强大难制。秦正是利用这一点开展远交近攻的。

到秦王嬴政时，他依然坚持"远交近攻"之策，远交齐、楚，首先攻下郭、魏，然后又从两翼进兵，攻破赵、燕，统一北方；攻破楚国，平定南方；最后把齐国也收拾了，最后实现了四海归一、统一中国的愿望。

秦统一六国是"远交近攻"的成功案例，从这个案例来看，"远交近攻"的另一层含义是："远交"，并不是要长久地和好，其用意是为了孤立近邻；一旦"近攻"成功，"远交"之国也就变成了新的攻击对象了。

秦统一六国

QIN TONG YI LIU GUO

——最早的一场封建统一战争

交战双方: 秦国军队和东方六国军队

交战时间: 前230～前221,历时10年

将帅档案: 赢政:秦王,前246～前210年在位,13岁即位,22岁亲政后铲除相国吕不韦和长信侯嫪毐叛乱集团,前221年统一中国,建立中国第一个统一的专制主义中央集权封建国家,号"始皇帝"。王翦:秦国名将,统一战争统帅。王贲:王翦子,秦国名将,统一战争统帅。尉缭:军事谋略家,与李斯制定统战战略

使用兵器: 铁质戟、剑、刀、矛;云梯、冲车等攻城器械

交战结果: 六国灭亡,中国归于一统

秦始皇像

历史背景

战国末期,韩、魏、齐、楚等国日趋衰落,只有"胡服骑射"后的赵国能与秦国抗衡;但长平一战使赵元气大伤,六国已无力阻挡秦东进的势头;而秦在商鞅变法后国力一天比一天强盛,统一中国的战略优势掌握在秦国手中。秦远交近攻,不断蚕食六国土地;赢政即位后雄才大略,任用李斯、尉缭积极部署战略,统一之势不可逆转。

精彩回放

前238年,秦王赢政扫平吕不韦、嫪毐势力,开始亲政。他任李斯、尉缭分别为丞相和军师,周密制定出了统一中国的战略步骤,继续远交

《荆轲刺秦王》石像图拓片

荆轲一击而不中，虽身败而名扬。刺杀未能成功，这是荆轲的不幸，也是燕国的不幸，但，却是历史的幸。秦王六合一扫，天下遂归于一统。

近攻，分化瓦解六国合纵的同时攻灭韩、赵、魏以及楚、燕、齐，各个击破，统一全国。

韩、魏是六国合纵之脊，秦王要拔掉这两颗妨碍吞食的暴牙，但牙龈是赵国，因此要先削弱赵这三晋最强国。前236年，秦王乘赵东攻燕、国内空虚之际发兵大举攻赵。赵国多出名将，继赵奢、廉颇之后，李牧在危难关头脱颖而出。尽管秦军凭借顽强的战斗力和先进的打法给了赵军沉重打击，但李牧几乎凭一己之力阻挡了秦军的迅猛攻势，使其不得前进。秦王灭赵未遂转而攻韩，前231年，韩国重镇南阳陷落，朝廷震动，韩向赵求救，但赵勉强能自保，哪有能力救韩？眼睁睁地看着韩地逐一失守。

前230年，秦王派内史滕率军东进，攻占韩国都城阳翟，俘虏韩王安，在韩设置颍川郡，韩国灭亡。

唇亡齿寒，秦王下一个要翦掉的对手就是赵国了。灭韩这年，赵发生地震和旱灾，经济损失巨大。前229年，秦王派名将王翦、杨端和兵分两路大举攻赵；主力王翦军由上党出井陉，杨端和由河内进攻赵都邯郸。赵派大将李牧迎敌，王翦与李牧无愧当时最优秀的两位军事将领，双方互有胜负，相持不下。秦王施反间计，收买赵王宠臣郭开诬告李牧谋反，赵王听信谗言，要撤换李牧。李牧以国家危在旦夕、不宜临阵换将为由拒命，结果惨遭杀害，副将司马尚也被换下，赵军士气顿挫，军心涣散，失去了与秦军僵持的能力，终致溃退。前228年，王翦向赵国发起总攻，不久攻克邯郸，赵王迁被俘，公子嘉率亲族逃入代郡，赵国基本灭亡。

灭赵同时，秦已兵临燕境。燕国自知无力抵抗，太子丹于是孤注一掷，重金雇勇士荆轲，前227年遣其入秦刺杀秦王，结果刺杀未遂，秦王大怒并以此为借口，派王翦、辛胜攻打燕国，在易水以西大败燕军，歼灭其主力。前226年10月，王翦攻陷燕都蓟（今北京市），燕王喜率残部逃往辽东，燕国灭亡。

伐燕同时，秦王命王翦之子王贲率军南下攻楚，攻下十余座城。前225年王贲以胜楚之师回军攻魏，迅速包围魏都大梁（今河南开封）。此时中原诸侯只剩一魏，孤立无援，困守大梁；魏王眼见形势一天比一天危急，却一筹莫展。王贲引黄河、鸿沟水灌城，魏人不堪承受，守城力乏，秦军旋攻破大梁，魏王假遭擒杀，魏国灭亡。中原北方大部分地区已为秦有。

灭魏同时秦已策划伐楚。秦王问诸将灭楚需多少兵力，青年将领李信说需20万，而老将王翦则认为非60万不可。秦王以为王翦年老怯战，否定了他的意见，而派李信、蒙恬领兵20万攻楚。前225年秦军南下伐楚，楚将项燕率军抵抗，初时秦军进展顺利，在平舆和寝击败楚军，进抵城父。但楚国毕竟地大兵多，项燕在城父集结数十万楚军发起反击，大败秦军，李信败逃回国。秦王方知王翦估兵不虚，屈尊亲自登门向王翦赔礼，命他征楚。

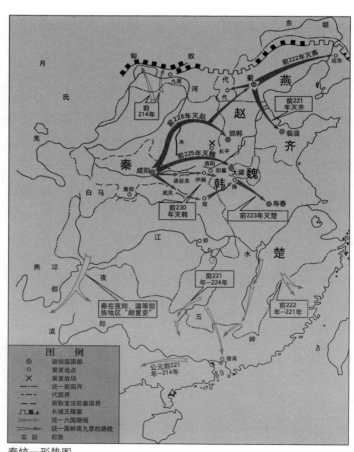

秦统一形势图

前224年，王翦率60万秦军攻楚，楚集中全部兵力迎战。秦军在陈遭遇楚军，王翦即令秦军坚守不战，违令者斩。项燕见王翦按兵不动，即遣将到秦军阵前挑战，但无论楚军怎样百般叫骂，王翦就是不出来与之交战。项燕于是引军东归，但正当楚军撤退时，王翦一声令下，挥师追击。60万秦兵排山倒海杀向楚军，在蕲大破楚军，楚帅项燕被杀。前223年，楚都郢沦陷，秦在楚王负刍被俘，楚地设置郢郡，楚国灭亡。

前222年，王贲率军歼灭辽东燕军，俘燕王喜，回师途中攻打代郡，俘赵代王嘉，燕、赵彻底灭亡。王贲乘势由燕地南下，直逼齐国，齐王忙在河西集结军队，驻守防御。前221年，王贲率秦军避开西线齐军主力，迂回到齐北，从北面南下直插齐国都城临淄（今山东淄博市）；齐因长期“事秦谨”，“不修攻战之备”，在秦军大兵压境、虎视眈眈的形势下，齐军未作任何有效抵抗，齐王建便出城投降，齐国灭亡。

从前230年灭韩至此，秦用十年时间兼并了东方六国，结束了春秋、战国长达五百五十年之久的割据局面，建立起统一的多民族的专制主义中央集权的封建国家——秦朝。

策略战术

以连横破坏合纵；远交近攻；先弱后强，各个击破；反间计，软硬兼施；以中原腹地为突破口，展开两翼攻势；机动灵活的作战方式；以逸待劳，以静制动，酝酿战机，伺机出击；集中优势兵力；避实就虚，出奇制胜。

重大意义

结束了五百多年的分裂局面；建立了统一的中央集权的封建国家；推动了先进生产力的发展普及；加强了民族间的交流和融合；远交近攻、各个击破战略对后世军事理论影响深远。

军事知识

侧击战术

翼侧攻击，指利用敌方主力远调，内部空虚而迂回到虚位，从侧面攻击制胜的避实就虚、出奇制胜的灵活机动作战方式。如王贲灭齐之战，再往前如桂陵之战。

秦朝军制

——军威光耀千古

1974 年 3 月，陕西临潼晏寨乡西扬村村民在秦始皇陵东 1.5 公里处打井时，意外地发现了许多碎陶人。他的发现让考古工作者大为震惊，这是一个长方形的秦代兵马俑坑。接下来的发现，更让考古工作者兴奋，从 1976 年开始，他们又陆续发现了两处兵马俑坑！

考古学家们按照发掘的时间先后把这些坑命名为一号坑、二号坑和三号坑。

秦始皇兵马俑的发现，不仅让考古工作者激动，因为秦始皇兵马俑是古代的奇迹，是当代最重要的考古发现之一，也让军事学家们激动，因为这几处兵马俑坑让军事学者们对秦代军制有了更为直观的认识。

一号坑兵马俑按实战军阵排列。俑坑的东端长廊处站着三排面向东的战袍武士俑，手持弓弩，这是一号坑军阵的前锋部队。长廊南边，也就是右翼，站着一排面向南的武士俑；左翼在北边，是一排面向北的武士俑；后卫在西头，是一列面向西的手执弓弩等远射兵器的武士俑，他们担任整个军阵的警戒任务。一号坑的主力部队是 38 路面向东的纵队，陶俑全部身披铠甲，手执长兵器。他们在 10 道隔墙隔开的 11 个过洞里，每路中间都排列有驷马战车。一号坑发掘出土的兵马俑达 6000 余件，其中以步兵居多。

二号坑是由 4 个单元内 4 个不同兵种构成的一个曲尺形军阵。第一单元是由 334 件

秦始皇像

彩绘铜车　秦

弩兵俑组成的小方阵；第二单元是由 64 乘驷马战车组成的方阵，每乘战车有军士俑三件；第三单元是由 19 乘战车和 100 余件随车徒手兵俑组成的方阵；第四单元是由战车 6 乘、鞍马和骑兵俑各 124 件组成的骑兵阵。四个单元有机联系，构成一个大阵，又可独立为四个小阵，可攻可守，反应快速。二号坑中有三个单元布有车兵，战车占整个军阵面积的半数以上，证明在秦代车兵仍为作战的主要力量。

从三号坑的整个布局看，它可能是整个地下军阵的指挥部——军幕，仅有 4 马 1 车和 68 个陶俑。它的东边是一条斜坡门道，与门道相对应的是车马房，车马房两侧各有一厢房。一、二号坑内武士俑配备的武器为长射程的弓弩和近距离格斗的矛、戈、钺、剑等，而三号坑内只发现了一种无刃兵器铜殳。铜殳在秦代是一种专门用于仪仗的兵器，在北厢房内还发现有残鹿角一件、动物朽骨一堆，可能是专供战前占卜或祷告活动的场所。

战马俑　秦

秦始皇兵马俑是一个奇迹，确实展示了秦代光耀古今的军威。但仅从这三个坑的实物，似乎并不能把秦朝军制完全体现出来，在这里还需要用军事学家的论点来概括总结一下，即：中国封建军制经历了初创期、发展期和晚期三个时期，秦代属于初创期。秦统

秦始皇陵外景

一六国后，逐步确立了以皇帝为统帅、中央军为主力、中军与外军相表里、地方军与边防军相呼应、正规军与地方武装相结合的军制；秦国兵制以征兵为主，男子23～60岁服役，役期2年左右。征兵不足以募兵补充，也征发刑徒为兵；秦代军队分为由车兵（轻车）、步兵（材官）、骑兵（骑士）和水兵（楼船）构成的四个基本兵种。

繁阳剑 战国晚期

军事知识

秦代军队的平时编制

步兵的编制分为六级，即：五人为伍，二伍为什，五什为屯，二屯为百，五百人，一千人。前五级分设一人为长，第六级设"二五百主"也称"千人"，已属中级军官；骑兵的编制，很可能是四骑一组，三组一列，九列一百〇八骑为一队，并能属战车六乘；车兵的编制，没有步兵配合时，每八乘为一偏（即一行），二偏为一组，四组为一队；有步兵配属时，则以兵车一乘、甲士三人、步卒八人为一个基本单位，六乘为一组，十八乘加指挥车一乘为一队。

陈胜、吴广起义
——中国历史上的第一次农民战争

交战双方: 秦军和农民军

交战时间: 前209年7月～12月

将帅档案: 陈胜 (？～前208):字涉,阳城 (今河南商水西南) 人,早年为人佣耕;前209年7月在蕲县大泽乡揭竿起义,被拥戴为王;后在陈县建立了我国历史上第一个农民政权,号为"张楚";后在城父 (今安徽省涡阳县境) 被叛徒庄贾杀害。吴广 (？～前208):字叔,阳夏 (今河南太康) 人,农民起义将领。章邯(？～前205):字少荣,秦二世时任少府;前209年,镇压了陈胜、吴广农民起义军,使秦廷得以苟延残喘,后又攻杀反秦武装首领项梁;巨鹿之战失败,投降项羽,后被封雍王;前206年9月,被刘邦击败,在废丘 (今陕西兴平东南) 自杀

交战结果: 农民起义军被血腥镇压

陈胜像

历史背景

秦统一六国后,大兴徭役,滥施刑罚,阶级矛盾日益尖锐。前210年,秦始皇巡游东方,在沙丘病死。赵高胁迫丞相李斯伪造秦始皇遗诏,立始皇小儿子胡亥为帝,为秦二世。秦二世昏庸而残暴,终日声色犬马,还继续修建阿房宫,而此时的秦朝刑法愈加残酷。广大劳动人民挣扎在饥饿与死亡线上,社会矛盾终于激化。

精彩回放

前209年(秦二世元年)7月,陈胜、吴广等900名贫苦农民被征前往渔阳(今北京密云西南)戍边。当他们走到蕲县大泽乡(安徽宿县西南)时,连绵的阴雨把他们阻隔

在这里，不能如期赶到渔阳戍地，按秦法当斩。面临死刑的威胁，陈胜、吴广杀掉押送他们的两个县尉，陈胜自立为将军，吴广为都尉，以"伐无道，诛暴秦"为斗争口号，率众起义。中国历史上第一次农民大起义爆发了。

农民起义军用木棍、锄头等作武器，削竹子为旗杆，很快攻占大泽乡，接着又攻下蕲县，很快占领了五六个县城。各地农民纷纷响应，六国贵族也乘机反秦。在攻占陈县（今河南淮阳）后，建立了"张楚"政权，陈胜为王。陈县成为全国农民起义的中心。

为推翻秦朝统治，陈胜于8月封吴广为"假王"，令其率主力西击荥阳（在今河南中部），进而入函谷关（今河南灵宝东北）夺占秦朝腹地；宋留率部入武关（今陕西商南东南），迂回咸阳；武臣、陈余率部攻取六国故地。吴广久攻荥阳不下，陈胜又以周文为将军，领兵绕过荥阳，进攻关中。周文攻破函谷关，屯军于戏（今陕西临潼东北）。这时起义军已有兵车千辆，战士几十万。

秦二世见起义军打到了都城附近，即令少府章邯把修建骊山陵墓的数十万刑徒和奴产子编成军队迎击农民军。同时，又从边塞调回王离的30万军队以保卫都城。周文率领的农民军，虽然英勇作战，但缺乏训练，没有作战经验，又孤军深入，在秦军的突然袭击下，接连受挫，被迫退出函谷关，在曹阳驻守待援。

这时，武臣的东路农民军在河北旗开得胜，对秦朝官吏恩威兼施，连下30余城，在攻占旧赵都城邯郸后，武臣在张耳、陈余的怂恿下自立为赵王。陈胜为了顾全大局，勉强予以承认，并命他率军西上，支援周文。武臣置若罔闻，以陈余为大将军，张耳为丞相，公然割据自立。六国旧贵族纷纷割据称王，韩广称燕王，魏咎为魏王，田儋为齐王。陈胜所遣各部义军互不接应，六国旧贵族又变身割据者，严重削弱了反秦力量，起义军陷入孤立无援又腹背受敌的境地。曹阳的农民军与兵力庞大的秦军苦战两月，损失惨重，又无援助，终告失败，周文自杀。章邯乘胜猛扑，占领渑池。

陈胜、吴广大泽乡起义旧址

写有"张楚"二字的帛

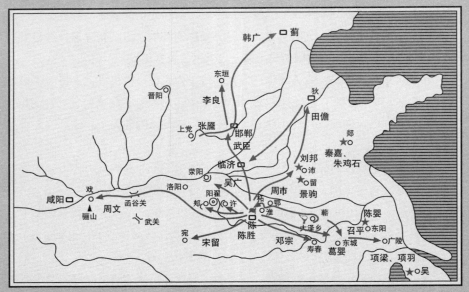

陈胜吴广起义示意图

　　随着反秦斗争的进行，起义军自身的矛盾和弱点也逐步暴露。围攻荥阳的起义军内部发生内讧，将领田臧因与吴广意见不合，竟假借陈胜之命杀死吴广，自立为将军，致使军心涣散。章邯乘机率秦军直扑荥阳，田臧率军迎战章邯，兵败身死，余部溃散。陈胜依旧坐守陈县，章邯率军直扑陈县，在城西与张贺所率农民军展开激战，陈胜亲自督战。由于众寡悬殊，而秦军又挟战胜周文、田臧之余威，士气高昂，农民军终败，张贺战死，陈县失陷。12月，退至下城父（今安徽涡阳东南）的陈胜为车夫庄贾杀害，余部投奔其他反秦武装。宋留闻讯，在南阳降秦。轰轰烈烈的陈胜、吴广起义在秦王朝的残酷镇压下历经半年失败了。

策略战术

　　秦军：集中兵力，各个击破；农民军：分散作战，互不协调，不知机动作战。

重大意义

　　作为中国历史上第一次大规模的农民起义，沉重打击了秦王朝的统治，加速了其灭亡，为之后项羽、刘邦农民军灭秦创造了有利条件，有助于推动社会的变革发展，开中国农民反抗封建统治的革命先河。在斗争中建立了农民政权，为后世农民起义树立了榜样。

巨鹿之战
JULUZHI ZHAN
——敲响了秦王朝的丧钟

交战双方: 秦军和农民军
交战时间: 前207年12月开始, 历经9个月
将帅档案: 章邯: 秦国名将, 曾以骊山刑徒为兵镇压了陈胜、吴广起义; 巨鹿之战
　　　　　秦军统帅。项羽(前232～前202): 名籍, 字羽, 秦下相(今宿城区)人。楚
　　　　　名将项燕之后; 从叔父项梁起兵反秦, 农民军灭秦后自称"西楚霸王",
　　　　　大封王侯; 后被刘邦(即汉高祖)与汉将韩信、彭越等围攻于垓下自刎而
　　　　　死, 巨鹿之战农民军统帅
投入兵力: 秦20万, 项羽军5万
使用兵器: 铁制兵器已取代青铜兵器; 刀具发展
交战结果: 项羽军获胜

项羽像

历史背景

　　秦末暴政, 农民纷纷起义; 陈胜、吴广被秦将章邯血腥镇压后, 项羽、刘邦率领的农民军仍不断冲击着秦王朝的统治。章邯在定陶袭杀项梁后, 北上攻占邯郸, 秦军40万围巨鹿, 楚怀王派项羽、宋义率楚军5万救巨鹿。

精彩回放

　　前207年9月, 章邯派大将王离、涉间率秦军主力, 兵围巨鹿。赵王歇多次向楚怀王求救。这时, 楚怀王已经转移到了彭城, 而且项梁虽然战死, 但项羽、刘邦率领的部队并未遭受损失, 楚军实力还很雄厚。怀王任命宋义为上将军, 项羽为次将, 范增为末将, 率领

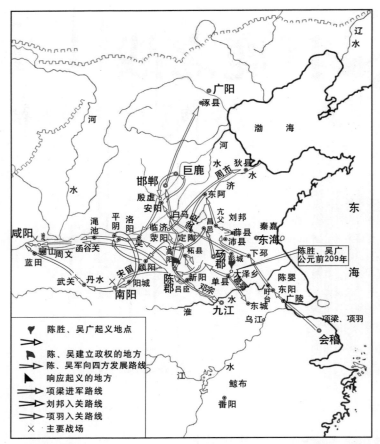

秦末农民战争图

大军救援赵国。同时派刘邦西击关中，直捣秦朝都城咸阳。当时，秦军还很强盛，诸位将领都不愿先入关，唯独项羽，因为急于替叔父项梁复仇，主动请缨，要和刘邦一起进军关中。可是项羽初次领兵作战攻克襄城时，因为怨恨襄城军民誓死抵抗，曾经下令屠城，蒙上了"慓悍祸贼"的恶名，所以怀王和一些老将拒绝了他的要求，派素有仁厚之名的刘邦进军关中。怀王与诸位将领约定，先入定关中的人就封为关中王。这一约定，为日后刘、项的争端埋下了种子。

前207年10月，宋义率领楚军开到安阳。当时，巨鹿的赵军已经危在旦夕，可是宋义却畏惧秦军的声势，在安阳一直停留了46天，迟迟不肯进军。项羽见宋义按兵不动，就对他说："如今赵军形势危急，我们应该急速渡河，和赵军前后夹击，一定能够击破秦军。"可是宋义只想坐山观虎斗，等秦、赵双方两败俱伤，自己就可以坐收渔翁之利，断然拒绝了项羽的建议。为了压制项羽，宋义还下令，谁敢不听指挥，就以军法治罪。

当时，连日淫雨，天气寒冷，楚军又是远路而来，军粮不足，士兵们衣服单薄，饥寒交迫。这时的战争形势十分危急，秦军一旦攻破赵国，就会更加骄横，到那时，楚军势单力孤，更难以对抗秦军。国家安危，系于巨鹿一战，而宋义却停兵不前，终日歌酒宴会，丝毫不知体恤士卒，更不忧心国事，还送儿

子出使齐国，和齐相田荣勾结。

项羽看到这种情况，又是气愤，又是焦虑。11月的一天清晨，按捺不住的项羽终于趁参见宋义的时候，拔剑杀掉了宋义，然后公告全军，说宋义意图谋反，自己已经按楚王的密令将他处死。众将领推举他代理上将，楚怀王知道以后，也只得正式任命他为上将军。

当时，前来救援赵军的各路人马，都已经在巨鹿城下安营扎寨，但是因为畏惧秦军，都逡巡不前，不敢与秦军交战。只有项羽一马当先，在公元前207年12月，以非凡的气概指挥楚军北上，向巨鹿进发。

他先派部将英布、蒲将军率领2万人做先锋，渡过漳水，切断秦军运粮通道，把章邯和王离的军队分割开来，然后自己率领数万楚军渡过滔滔漳水，向北岸的秦军营地进发。大军过河之后，上将军断然下令，破釜沉舟，将船只一律凿沉，将做饭的炊具全部砸碎，将军营放火烧毁，每人只带三天吃的粮食，立即出发。这时的楚军，前面是几十万秦军主力，后面是波涛汹涌的漳水。一旦战败，就或者被秦军残杀，或者葬身漳水，几乎已经陷入绝境。楚军将士都明白得很，只有全力以赴，击败秦军，才能绝地求生。于是，楚军人人奋勇，个个争先，以迅雷不及掩耳之势冲向秦军阵地。一时间，巨鹿城下杀声震天，经过一连9次激烈的战斗，楚军终于击破了秦军，脱离了险境。

项羽率军进攻秦军的时候，前来援赵的各路将领都慑于秦军淫威，远远地作壁上观。项羽击溃秦军之后，立即召见他们。这些人个个胆战心惊，进入项羽的大营之后，都膝行而前，头都不敢抬。这一战，项羽显示出坚决果敢的战斗精神和无所畏惧的英雄气概，各路诸侯都对他佩服得五体投地，项羽成了楚军和各路义军的最高军事统帅，威震四方。这一年，项羽刚刚25岁。

巨鹿之战后，项羽立即引兵南下，进驻漳水南面，进攻章邯率领的秦军主力，两军对峙了数月之

戏马台

在今江苏徐州，始建于公元前206年，据传西楚霸王项羽定都彭城后，在此建高台，作为指挥士兵操练、观赏士卒赛马的场所。

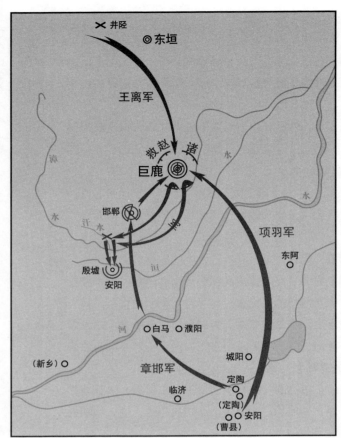

巨鹿之战示意图

久。秦二世在奸臣赵高的挑拨之下，不断派人责备章邯战斗不力，章邯日夜担心自己会被权奸暗算，赵将陈余又劝他倒戈反秦。正当他犹豫不决之时，项羽派蒲将军领兵渡过三户津，一举战败秦军，项羽自己也在汉水大破秦军。经过两次打击之后，章邯终于决定投降，秦军主力部队被瓦解了。

从项羽引兵渡河到章邯投降，巨鹿之战历时 9 个月，义军在项羽的统帅下，终于取得了最后的胜利。

策略战术

破釜沉舟，振奋士气；当机立断，突然出击；分而治之；集中主力，各个击破；速战速决，不给敌人喘息机会。

重大意义

巨鹿之战击溃了秦军主力，是推翻秦朝统治的决定性战役，这次战役的胜利为义军西进关中、推翻秦朝开辟了道路，敲响了秦王朝的丧钟。

军事知识

分而治之，各个击破

指针对敌人兵力强大情况，以少量兵力牵制敌军一部，而以主力攻敌另一部，逐一消灭敌人有生力量的战术。

ANDUCHEN
CANG

暗度陈仓
——兵贵出其不意

交战双方： 汉军和章邯军

交战时间： 前 206 年 8 月

将帅档案： 张良(? ～前 186)：汉初杰出的军事谋略家，字子房，刘邦的主要谋士，先祖世代为韩国贵族，韩亡后，曾重金雇大力士刺秦始皇于博浪沙；得遇黄石公，传授兵法；后佐刘邦定三秦，联韩信、彭越，终于打败项羽；因功封留侯

交战结果： 刘邦取得关中

张良像

历史背景

秦亡后，项羽成为最大的军事势力，他自号"西楚霸王"，并大封王侯，刘邦因对项羽有威胁，被封于汉中；关中还有"三秦"监督刘邦。

精彩回放

前 206 年 8 月，韩信率汉军东征；当时，由汉中入关中的栈道已被烧毁，不能行军。刘邦问张良怎么办。张良说出八个字："明修栈道，暗度陈仓。"刘邦听后大喜，于是他把欲东进关中的刚拜为大将的韩信叫来，问他准备如何进关中。韩信不慌不忙，说出八个字的计策，居然与张良不谋而合，刘邦更认为此计可行，失声叫道："果然是英雄所见略同啊！"

刘邦从韩信计，派了几百名兵士去修建栈道，造成一种汉军要打此经过的假象；暗中却同韩信率领三军，悄悄由南郑出发，直趋关中。刘邦留丞相萧何守川蜀，

韩信像

征税收粮，接济军饷。时值仲秋，秋高气爽，将士们一个个英姿飒爽，兴致高昂，韩信军趁着旺盛士气，日夜兼程，从古道小径直奔陈仓。

雍王章邯被项羽封在关中，作为堵汉王刘邦入中原的屏障。章邯经常派兵巡察，防备刘邦出蜀；他认为刘邦出汉中必经栈道，这时闻得有汉兵数百人正在抢修栈道，不由笑着说：栈道那么长，烧毁的时候容易，再修复很难啊！凭区区几百汉兵，猴年马月才能修起呀！刘邦想入关，当初又何必烧断栈道呢？章邯不以为然；他借口又加发挥：刘邦居然还拜曾钻人胯下的韩信为大将，我真搞不懂，这哪像当年第一个入咸阳的农民军首领？简直糊涂透顶，这种人能在汉中称王已经很不错了。

章邯根本不把刘邦放在眼里。8月中旬，有急报传到，刘邦和韩信已率汉军到了陈仓。章邯认为情报不实，回顾左右说："栈道尚未修好，汉军从哪里过来？难道是长了翅膀飞过来的吗？"他下令探子再探。

不多久，从陈仓来的逃兵入帐报告：刘邦已打下陈仓。章邯大惊失色：汉军没经栈道，怎么过来的？难道又有小径通向陈仓？章邯不敢再想，亲提数万军队，赶往陈仓截击汉军。两军相遇，展开激战；汉军养精蓄锐多时，个个身手不凡，而章邯军多为秦降军，对章邯恨之入骨，岂肯为他卖命？战没多久，章邯军队就四散溃逃。

章邯率残兵败将西逃，韩信挥兵紧追，章邯走投无路，拔剑自杀。刘邦军趁胜进击，驻守关中的另两个王司马欣和董翳相继投降，号称三秦的关中地区，尽为刘邦所有。

策略战术

惑敌误敌，转移敌人视线，出其不意。

重大意义

"兵不厌诈，示形惑敌"的典型战例指导了后世战争；为刘邦打败项羽、统一中国奠定了基础。

栈道遗址

SIMIANCHU 四面楚歌
GE——张良的心理战

交战双方：汉军和楚军
交战时间：前 202 年
交战结果：楚军军心动摇而自溃

历史背景

刘邦明修栈道，暗度陈仓，占领了关中，拉开了楚汉相争的序幕；他采纳张良计策，派韩信向北攻取赵、魏、燕、齐等地，彭越南取楚旧地，韩信迂回项羽侧后，刘邦军正面进击，终于取得成皋之战的胜利，占据了战略优势，把项羽围困于垓下。

精彩回放

前 202 年 10 月，刘邦纳张良建议，乘项羽引兵东撤之际，实施战略追击。12 月，刘邦、韩信、彭越三大军团在垓下大败楚军，项羽被汉军围困起来。楚军困兽犹斗，不甘坐以待毙，刘邦欲围歼之，则自己也将付出惨重代价，如何啃掉这块硬骨头，刘邦陷入苦恼中。

张良，人称"运筹于帷幄之中，决胜于千里之外"，自不是虚言，他向刘邦进谏：在楚军周围命人奏唱楚地歌乐，以瓦解楚军军心，到时其战斗力自然减弱，攻即可破之。

刘邦大喜，依计而行。一日深夜，在极度的静寂中，楚军营地突然传来楚国家乡的民间小曲。楚军士兵那本已冰冷的心，顿时有如春回大地，冰消雪融，流水淙淙，万物苏生；他们好像回到了故乡的村庄，看见了那熟悉的山水、田野、牛羊，家乡父老的一张张笑颜、企盼的

《霸王别姬》版画

楚汉相争示意图

目光……楚军士卒不觉坐起身来，不顾严寒，走出营帐，向汉军营寨远眺，因为正是那篝火兴旺的地方传来了楚地的民歌乐曲……于是一群又一群的楚兵情不自禁地向

那令他们向往的一堆堆温暖的篝火走去，那里正把自己声声呼唤……

项羽也醒了：怎么回事？为什么四面楚歌？难道楚地已尽被汉军占领了吗？项羽情绪糟糕到了极点，他不明白：自己用兵、武功、资质皆在刘邦之上，为什么现在竟被他逼迫到这般田地？自己打了无数次胜仗，为何最终的胜利却不属于他？这些问题这几天来如梦魇般缠绕着项羽，使他夜不安寐，百思不得其解。

那么，张良是怎么找到会唱楚地歌曲的人的呢？俗话说：人上一百，形形色色。张良在每个营里寻找出生在楚地、会唱楚曲、奏楚乐的士兵，把他们集中起来，经过几天训练后，夜间派遣他们到包围楚军营地的最前沿，环绕在楚军四周，高唱楚歌，歌声此起彼伏，婉转悠扬，一时间让人感到：这里不是硝烟弥漫的战场，而是一片曲声袅袅、歌声悠悠的和平之乡，从此不再有残酷的屠杀和血腥的格斗……

这支支民谣、曲曲小调，都唤起了楚兵无尽的相思和滚滚的热泪。多年在外征战，家乡的亲人不知怎么样了，士兵们归心似箭。

项羽以为大势已去，不敢再久屯此地，便率楚军突围，但楚军士卒大多无心恋战，又遭到韩信的"十面埋伏"；项羽突围至乌江时，只剩24骑，而汉军又已追至。项羽愤愧难当，长呼：天亡我也，非战之罪！随即自刎而亡。

策略战术
心理战，瓦解敌人军心。

重大意义
作为较早的心理精神战，对后世军事战术有积极的影响；"四面楚歌"从此成了英雄末路、人心涣散的代名词。

河西之战

HEXIZHIZHAN

——迂回包抄、连续出击

交战双方：汉军和匈奴军

交战时间：前121年

将帅档案：霍去病（前140～前117）：河东郡平阴县人（今山西临汾），西汉名将，官
至大司马、骠骑将军，封冠军侯；18岁领兵作战，多次击败匈奴，打
通了河西走廊；河西之战汉军主帅。李广（? ～前119）：陇西成纪人，西
汉名将，曾在西北做太守，抗击匈奴，屡立奇功，号为飞将军；前119
年漠北之战中因迷路遭斥，愤而自杀

历史背景

秦始皇曾挫败匈奴族的南下，但楚汉战争时，匈奴乘机进
入河套以南，冒顿单于时势力更盛，刘邦建汉后曾攻伐之，被
围困于白登。之后汉朝对匈奴采取"和亲"政策并积极防御，
武帝时国力鼎盛，为巩固边防开始反击匈奴。

精彩回放

前121年，匈奴骑兵万余攻入上谷。同年
3月，汉武帝派骠骑将军霍去病率精骑万人出陇西，
越乌鞘岭，进击河西地区的匈奴。霍去病采用
先突然袭击而后连续进击的战术，长驱直入，
驰进匈奴俗濮部落，又渡过狐奴河，转战六天，
连破匈奴五小王国，降服者赦之，反抗者杀之。
匈奴军猝不及防，向北退走。

霍去病知道大军长途跋涉而来，宜速战速决。
于是不敢逗留，即刻率军翻越焉支山（今甘肃丹

汉武帝刘彻像

大黄山），向西北急驰千余里以寻匈奴主力决战。在皋兰山下相遇匈奴浑邪王、休屠王军队，两军展开一场恶战，汉军挟胜余威，猛烈冲杀。浑邪王、休屠王却是仓促应战，部署并未完善，就遭到霍去病军暴风雨般的打击，自然难以招架。二王自知不敌，便下令匈奴军后撤；汉朝军队的紧逼使匈奴军队无法有秩序地退走。匈奴士兵前面跑得慢的被后赶上来的撞倒后就再也爬不起来，后面跑得慢的被汉军赶上，做了刀下之鬼。这一战匈奴大败，被霍去病军斩首8900余级，浑邪王子、相国、都尉等多人被俘，休屠王的祭天金人也被汉军缴获。霍去病至敦煌班师凯旋而还。回到长安，汉武帝亲自出城迎接，加封2200户。是年，霍去病仅20岁。

李广像

汉武帝此次派霍去病征匈奴的初衷本是试探霍去病的军事潜能，不曾想霍去病竟是如此骁勇善战，一举击溃河西匈奴。武帝感谢上苍又赐给他一个比卫青还优秀的大将，抗匈雄心更受鼓舞。同年夏天，武帝再命令霍去病统军北击匈奴，为了防止东北方向的匈奴左贤王乘机进攻，他又派李广、张骞率偏师出右北平，攻打左贤王以策应霍去病主力军的行动。

霍去病像

匈奴伊稚斜单于闻知亦不甘示弱，他亲率大军侵入代郡、雁门。霍去病自宁武渡河，翻越贺兰山后至居延海，然后转兵南下至小月氏（今酒泉）陈兵张掖，挺进2000里至祁连山一带，迂回到河西走廊北面敌人后方，而后以秋风扫落叶之势率部对匈奴发起迅猛攻势，大破匈奴主力军。同时西逐诺羌，打通了河西走廊之路。

是役，霍去病军共杀敌3万余人，俘匈奴王5名及王母、王子、将相百余人，收降浑邪王部众4万，全部占领河西走廊。

东线右北平方面，李广率4000骑先行，不料被左贤王4万骑包围。危难时刻，李广尽显"飞将军"本色：他令部下结为圆阵，士兵持弩向外。

匈奴连续发起冲击，汉军箭如雨下，阵始终未破；战罢多时，弓箭将尽，李广令军士持弩不发，自己以大黄连弩射匈奴裨将数人，匈奴军惊恐，于是攻势稍缓。战至日暮，汉军兵士都面无人色，独李广依然意气风发，众将无不叹服。第二天双方又展开激战，李广军危急，幸好博望侯张骞及时赶到，匈奴军见不能取胜，撤兵而去。

匈奴武士复原像

策略战术

迂回包抄，连续出击；集中兵力歼击弱敌。

重大意义

夺回了河西走廊、打开了通往西域的大门；使匈奴的生存空间被压缩至年降水量仅 15 英寸的苦寒之地。

汉长城示意图

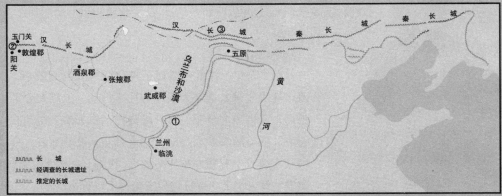

① 河西防线：具有屏护中原通往河西走廊通道的作用
② 西域防线：维护中西交通要道
③ 长城腹线：具有屏护漠南草原和屯田的作用，被匈奴视为心腹之患

MOBEIZHI ZHAN
漠北之战
——汉匈草原大决战

交战双方：汉军和匈奴军
交战时间：前119年
将帅档案：卫青(？～前106)：字仲卿，平阳人，西汉杰出的军事家、统帅；汉武帝卫皇后的弟弟；抗匈战争中屡立战功，因功封长平侯、大将军。霍去病(前140～前117)：平阳人，西汉名将，卫青外甥
投入兵力：汉骑兵5万，4万随军私人马匹，几十万步兵

卫青像

历史背景

经漠南、河西两大战役打击，匈奴势力遭受重创，但仍未停止南下骚扰汉边。前120年（元狩三年）匈奴又从右北平、定襄攻汉，杀掠千余人；还用汉降将赵信计谋，欲把汉军引至漠北歼之。

精彩回放

前119年，汉武帝震怒于匈奴两次战败仍贼心不改，遂决定来一次更大规模的军事行动。经过充分准备后，武帝命大将军卫青、骠骑将军霍去病各统骑兵五万、四万随军私人马匹、几十万步兵及转运者，分别从定襄（今内蒙古和林格尔）、代郡（今河北蔚县）出发，深入漠北，寻歼匈奴主力，予以打击。

匈奴单于听说汉兵远来扫荡，不敢怠慢，"远其辎重，以精兵待于漠北"。卫青率精兵出塞，寻歼单于本部，同时令李广、赵食其从东面迂回策应。抵达漠北后，"见单于兵陈而待"，卫

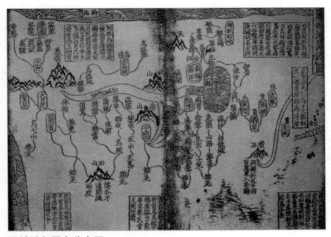

西域城邦国家分布图

青当机立断，创造性地运用车骑协同的新战术，命令部队以武刚车"自环为营"，以防匈奴骑兵突袭，而令5000骑兵进击匈奴。伊稚斜单于乃以万骑迎战。两军从黎明激战至黄昏，杀得难分难解，临近日落时，突然刮起大风，飞沙走石，两军不辨敌我，卫青乘势分轻骑从左右两翼迂回包抄匈奴。伊稚斜单于见汉军人马尚强，情知再打下去会吃亏，遂趁夜幕降临时，跨上一匹千里马，率数百壮骑杀出重围向西北方逃走；匈奴军溃散，卫青乘势追击，斩杀和俘虏敌人1.9万余名。

与此同时，"飞将军"李广和赵食其肩负着迂回截击匈奴单于的任务，日夜兼程行军，然而大漠深处一眼望去全是茫无涯际的荒沙，找不到一个当地人。李广军因没有向导，走迷了路，李广焦急却无可奈何，怕再往前走与卫青主力军队更会不上面，下令回军南还。

卫青经过殊死血战，击溃匈奴单于主力，本期望李广能在单于后方截断伊稚斜的退路，然后汉军前后夹击，围歼单于，但北追200余里却不见李广军，伊稚斜单于最终逃脱。卫青继续挥师挺进，兵至寘颜山赵信城，缴获了匈奴屯集的大批粮食和军用物资，并在其地休整一天，然后放火烧毁赵信城后班师回国。到达漠南以后与李广、赵食其会合，卫青差人往李广军营询问迷路经过，并说要上报天子。卫青派去的人劝李广把走失单于的责任推给赵食其，以避惩罚，但李广为人正直，并不答应。卫青闻讯恼怒，又遣人催逼李广的幕僚去中军受审，李广说："他们无罪，迷路责任在我，我自己去受审。"他把责任揽在自己身上。来人走后，李广慨然叹道："我自年少从军，与匈奴大小70余战，想不到今天却被大将军如此催逼，我已年过花甲，怎能再受这样的侮辱？"说罢拔剑自刎而死。左右无不泪如

西汉军戎服饰复原图

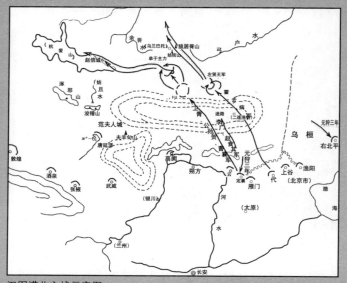

汉军漠北之战示意图

雨下。

　　率兵从东路出代郡的霍去病却取得了辉煌的战绩，足以使他彪炳史册。他深入 2000 余里，凭借兵精马壮的优势，对匈奴左贤王发起猛烈攻击。霍去病少年英雄，身先士卒，左贤王垂垂老矣，怎是他的对手？战不多时，左贤王就率亲信弃军而逃，匈奴兵大溃。霍去病即率众追击，一直追到狼居胥山，歼其精锐，斩杀北车旨王，俘屯头王、韩王等 3 王以及将军、相国、当户、都尉等 83 人，俘虏 70443 人；并封狼居胥，登临瀚海，祭告天地后班师凯旋。

策略战术

　　远程奔袭，寻歼主力；迂回包抄；车守骑攻，协同作战；勇敢深入，出其不意。

重大意义

　　重创了匈奴势力，从此"匈奴远遁，而幕南无王庭"，危害汉朝百余年的边患基本得到解决。

　　汉匈之战，标志着骑战成为战略手段，而且创造了农业民族打败游牧民族的奇迹。

西域风光

西域在汉时指现在玉门关以西的新疆和中亚细亚地区。西汉初年，共有约 36 个国家分布于沙漠绿洲与山谷盆地中，最大的国家乌孙号称有 63 万人，其次大月氏有 40 万人。西域各国都从事农业和畜牧业，少数国家随畜牧逐水草而居，住无定所。

KUN YANG
DAJIE
昆阳大捷
——坚守待援与内外夹击

交战双方：王莽军队和更始起义军
交战时间：23 年
将帅档案：刘秀（前 6 年～57 年）：东汉王朝的建立者，字文叔，南阳蔡阳人，刘邦九世孙，
　　　　　谥光武帝；昆阳大捷更始义军将领。王莽（前 45 年～23 年）：新王朝的建立者，
　　　　　字巨君，在位时曾复奴屯集的大批粮食和军改制欲解决日益尖锐的社会矛
　　　　　盾，结果却使矛盾更加激化，激起绿林、赤眉农民起义；23 年被杀
投入兵力：王莽军 42 万；刘秀军 2 万
交战结果：王莽军大败

历史背景

　　西汉末年，政治腐败，外戚王莽乘机篡夺汉室，于公元
8 年建新朝。王莽改制欲改良政治但归于失败，致使阶级矛
盾激化，各地纷纷起义。绿林军立刘玄为帝，年号更始，并
兵围宛城；王莽统治在农民起义军的打击下濒临崩溃。

精彩回放

　　23 年更始政权建立，为阻止王莽军的南下，保障
主力夺取战略要地宛城，刘玄派上公王凤、大将王常、
偏将刘秀统率部分兵力趁莽军严尤、陈茂军滞留
颍川郡一带之际，迅速攻占昆阳（今河南叶县）、
定陵、郾县，与围攻宛城的绿林军主力形成犄角
之势。

王莽像

　　更始军的动向引起了王莽的不安。23 年 3 月，王莽遣大司空王邑、司徒王寻赴洛阳
调集各州郡兵 42 万，号称百万，经颍川会合了严尤、陈茂军后直逼昆阳。此时，昆阳城

汉光武帝刘秀像

中更始军只有八九千人，敌军兵力庞大又来势汹汹，不少将领提议与其寡不敌众，遭受重创，不如化整为零，退回根据地以图后举；但青年将领刘秀反对这一消极做法，主张坚守昆阳牵制、消耗王邑军兵力，掩护主力攻取宛城。还未定议，敌人已兵临城下，诸将于是同意坚守。王凤、王常率众守城，刘秀、李轶率13骑到定陵、郾城调集援兵。

莽军不久将昆阳围得水泄不通。大将严尤向王邑进言："昆阳虽小，但易守难攻。敌人主力在宛城，我们不如绕过昆阳赶往宛城寻歼其主力，到那时昆阳敌人受震动，城可不战而下。"但王邑拒绝说："非也非也！我军百万之师，所过当灭，今屠此城，喋血而进，前歌后舞，岂不快哉？"于是陈营百余座，挖地道，造云车，猛攻昆阳不已。王凤、王常率全城军民顽强抵挡，多次挫败敌人的进攻，敌军消耗很大。

严尤见昆阳久攻不下，再次向王邑进言："围城应该网开一面，使城中一部分守军逃出至宛城，散布兵危消息，以使敌人情绪消沉，军心动摇，其士气低落下来后，城必可破！"但又为刚愎自用的王邑拒绝，他认为不久昆阳就会告破。

正当王邑将取胜战机丧失的时候，精明强干的刘秀已从定陵、偃县征集了1万步骑兵精锐，日夜兼程赶到了昆阳。他见昆阳仍未失守，而莽军队形不整，显得士气低落，疲惫不堪，心下大喜。他立即投入战斗，他亲率1000轻骑为前锋，冲到王邑军阵前挑战；王邑以其人少不足畏惧，就派了3000人迎战。刘秀急忙挥军疾冲猛杀，转眼间莽军百余人被砍死，剩下的败退回去了。初战告捷，城内城外的更始军士气都为之一振，斗志立时高涨了许多。

刘秀为了更进一步振奋士气，同时动摇敌人军心，便假造宛城已为更始军攻克的战报，用箭射入昆阳城中；又故意遗失战报，让莽军拾去传播。这一消息顿时一传十、十传百；城内军民守城意志更加昂扬，而城外莽军情绪则更加沮丧。胜利的天平已开始向起义军这边倾斜了。刘秀见效果已经达到，便精选勇士3000人迂回到敌军侧后偷渡昆水，而后猛攻王邑大本营。

　　此时，王邑仍不把刘秀放在眼里，他担心州郡兵主动出击会失去控制，就令他们守营勿动；自己和王寻率万人迎战刘秀的3000义勇。然而王邑的轻敌应战怎奈得住刘秀部署严密的进攻？万余兵马很快被冲得阵势大乱，而州郡兵诸将却因王邑有令不得擅自出兵，谁也不敢去救援。于是王邑所部大溃，王寻也被杀死。莽军余部见主帅都溃退了，也纷纷逃命。刘秀乘势掩杀，城中王凤、王常见莽军崩溃，即从城内杀出，与刘秀部内外夹攻王邑。王邑军互相践踏，死伤无数，狼狈向洛阳方向逃去。昆阳围解。

策略战术

　　利用敌人轻敌心理进行突袭；制造攻心战术；一方牵制敌人，一方调兵侧击，形成内外夹攻之势；擒贼擒王，以敌中坚为主攻。

重大意义

　　加速了王莽统治的崩溃；使刘秀脱颖而出，为他以后积蓄实力建立汉王朝奠定了基础。

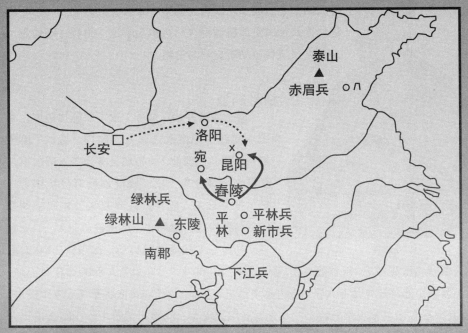

昆阳之战形势图

MAGEGUO SHI 马革裹尸

——马援的经略

交战双方：汉马援军队和羌族军队

交战时间：35 年～ 49 年

将帅档案：马援(前 14 ～公元 49)：字文渊，扶风茂陵人，东汉著名的军事家，战国的赵国名将赵奢之后代；因功官至伏波将军，封新息侯

历史背景

25 年刘秀建立东汉王朝，经过一系列战争统一了中国，外族的扰边就成了东汉朝廷的主要威胁。陇西羌人的不断犯边使光武帝决定派将征讨，马援担当了这一重任，既安定了边疆，又实现了马革裹尸的宏愿。

精彩回放

从王莽时开始，塞外羌族不断骚扰边境，不少羌族更趁中原混乱之际入居塞内，金城（治所在今甘肃兰州西北）一带属县多为羌人所占据。汉将来欲就此事上书，说陇西屡有侵扰祸害，除马援外，无人能平。35 年夏天，光武帝刘秀任命马援为陇西郡郡守，征讨扰边羌人。

马援像

马援一上任便整顿兵马，派步骑 3000 人出征。先在临洮击败先零羌，斩首数百人，获马、牛、羊 100 多头，守塞羌人 8000 多望风而降。当时，羌族各个部落还有几万人在浩亹占据要隘进行抵抗，马援和扬武将军马成率军进击。羌人将其家小和粮草辎重聚集起来，在允吾各阻挡汉军。马援率部暗中抄小路袭击羌人营地。羌人见汉军突然出现，大惊，逃入唐翼谷中，马援挥师追击，羌人布精兵于北山坚守。

茂椒林

这是四川阿坝州茂县（古羌地）一片生机盎然的茂椒（烹饪川菜的重要调味品）林。马援平定羌边的目的，也无非是为此——生产发展，人民安居乐业。

马援对山摆开阵势佯攻以吸引敌人，暗中却遣数百骑兵绕到羌人背后，乘夜放火，并击鼓呐喊。羌人不知有多少汉军袭来，纷纷溃逃。马援大获全胜，斩首千余级。

因为汉军兵少，马援不敢穷追敌人，缴获了羌人大量粮食、牲畜及财物后，马援收军回营。此战，马援身先士卒，腿部被飞箭射穿，光武帝派人前去慰问，并赐给他牛羊数千头。马援像往常一样，把这些赏赐都分给了部下，将士们都十分感激他。

当时，金城破羌以西地区，离汉廷道途遥远，又常有动乱，不好治理。朝中多数大臣主张舍弃这一地区，独马援持异议，他有三条理由：一、破羌以西城堡都还完整牢固，适合防守；二、那里土地肥沃，灌溉便利；三、若放弃不管而让羌人占据湟中，将后患无穷。光武帝认为马援言之有理，便令武威太守把从金城迁来的客民全部放还，3000 多客民返回了原籍。马援又建议朝廷为他们安排官吏，修建城郭，营造工事，开导水利，并鼓励发展农牧业生产，郡中百姓从此安居乐业。马援又派羌族豪强杨封说服塞外羌人，让他们结好塞内羌人，共同开发边疆。对武都地方背叛公孙述前来归附的氐人，马援以礼相待，奏明朝廷，恢复他们的侯王君长之位，赐给他们印绶。

37 年，武都参狼羌与塞外各部联合，杀死官吏，发动叛乱，马援率 4000 人前去征剿。大军行至氐道县境，发现羌人占据了山头，马援率军驻扎在适宜的地方，断绝了羌人的水源，控制了草地，以逸待劳，坚守不出。羌军水源乏绝，陷入困境，逃的逃，降的降，陇右遂平。

马援在陇西做了6年太守，恩威并施，使得陇西战事渐稀，百姓能安心从事农业生产。

41年，卷地人维汜的弟子一个名叫李广的聚会徒党，攻陷皖城，自称"南岳大师"。朝廷派张宗率军征讨，被李广击败，朝廷即以马援率诸郡兵马共万人出征。马援打败叛军，诛杀了李广。不久，岭南交趾女子征侧姐妹因与太守孙定不和，起兵反汉并占据交趾、九真等岭外60余城；朝廷任马援为伏波将军南征交趾。42年，马援在浪泊大破敌军，降服万余人，又乘胜追击，在禁溪击败征侧，43年正月诛杀征侧，传首洛阳。马援因功封新息侯，食邑三千户。不久后，马援还平定了岭南。

从交趾胜利回京，老朋友们都出城迎接慰问马援；马援对平陵人孟冀说："方今匈奴、乌桓尚扰北边，我想请求攻打它们；男儿当死边野，以马革裹尸还葬耳。"48年，南方武溪蛮暴动，马援请命南征，光武帝因之年事已高，不让他去。在马援的说服下，刘秀答应了他。次年，马援在壶头山病死军中。

策略战术
迂回侧击，前后包抄。

重大意义
为东汉边疆的稳定做出了不可磨灭的贡献。

东汉铜斧车马和持戟骑士俑

HUANGJIN
黄巾起义
QIYI
——有组织、有准备的农民战争

> 交战双方：东汉军队和黄巾农民军
> 交战时间：184年～192年
> 将帅档案：张角：巨鹿（今河北宁晋西南）人，东汉末年黄巾起义军领袖

历史背景

东汉末年，豪强地主大量兼并土地，土地高度集中，大批农民流离失所，阶级矛盾空前激化。统治阶级内部相互倾轧，外戚与宦官专权，官场腐败，社会黑暗，百姓苦不堪言，不断起来反抗。奸佞当朝，有识之士不能施展其抱负，两次"党锢之祸"，更使东汉王朝失去了希望。东汉统治处在风雨飘摇之中，"太平道"兴起，深得农民拥护。

精彩回放

184年，张角以"苍天已死，黄天当立，岁在甲子，天下大吉"为宣传口号，聚众起义。起义军以头裹黄巾为标志，称为黄巾军，36方数十万众同时举事，声势浩大。起义之初，义军进展顺利：河北黄巾军生擒皇族安平王刘续、甘陵王刘忠；南阳（今河南南阳）黄巾军斩杀太守褚贡，围攻宛城；汝南黄巾军在召陵（今河南漯河市东北）打败太守赵谦军；广阳（今北京市西南）黄巾军攻破蓟县，杀幽州刺史郭勋。

起义军发展壮大后，张角自称天公将军，其弟张宝称地公将军，张梁称人公将军。张角、张梁驻广宗，张宝驻下曲阳，作为农民军中央基地，率部在冀州一带攻城略地，同时节制各路义军；南阳黄巾军由张曼成率领，在南方扩张势力；

"苍天乃死"字砖 东汉字砖中"苍天乃死"四字与黄巾起义的口号不谋而合，起义军因此广泛传布"太平道"，表达民众推翻汉朝的普遍心愿。

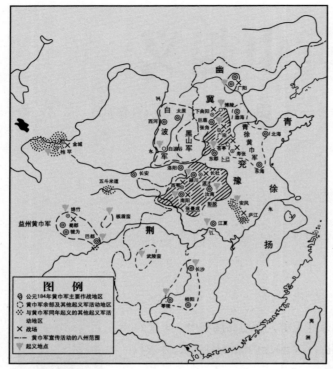

图例
- ☉ 公元184年黄巾军主要作战地区
- ⊙ 黄巾军余部及其他起义军活动地区
- ⊙ 与黄巾军同年起义的其他起义军活动地区
- × 战场
- ─ 黄巾军宣传活动的八州范围
- ▽ 起义地点

黄巾起义形势图

汝南黄巾军由波才、彭脱率领，活动于颍川（在今河南禹县）、陈国（在今河南淮阳市）一线，成为黄巾第三大主力。黄巾军从北、东、南三个方向对京师洛阳形成包围之势。

黄巾农民军的"遍地开花"引起了东汉朝廷的恐慌。汉灵帝从温柔乡中醒来，匆忙组织武装镇压。他下令大赦党人，以缓和统治阶级内部矛盾；又下诏令各地严防义军势力渗透，并积极集兵进剿。灵帝命国舅兼大将军何进统率左、右羽林军，加强洛阳防御，拱卫京师；左中郎将皇甫嵩、右中郎将朱儁率4万步骑进攻颍川黄巾军；北中郎将卢植率北军和地方军队进攻河北黄巾军。

官军重点进攻直接威胁京师的颍川黄巾军波才部。185年4月，波才率部击败朱儁，进围皇甫嵩于长社（今河南长葛东北）。但因缺乏作战经验，依草结营，时值大风，皇甫嵩乘夜顺风纵火，义军大溃；皇甫嵩随即联合朱儁、曹操三军合击黄巾军，斩杀义军数万。官军乘胜进击汝南、陈国黄巾军，阳翟一战（今禹县），波才战死；彭脱的黄巾军也在西华被击溃。8月，东郡（今河南濮阳市西南）黄巾军与官军大战于苍亭，7000余人被屠杀，主将卜己身死。颍川、汝南、东郡三郡黄巾军主力悉数被歼。

张曼成率南阳黄巾军进攻中原战略要地宛城，遭南阳太守秦颉顽抗，张曼成战死。赵弘继为指挥，攻克宛城，部众发展至10余万人。6月，刚刚剿灭颍川义军的朱儁，把屠刀挥向南阳黄巾军，与荆州刺史徐谬、南阳太守秦颉合兵两万余人围攻宛城。黄巾军拼死抵御，坚守两个多月。

朱儁见城坚难攻，遂退兵以诱敌，暗中设伏。赵弘不明虚实，出城追击，遭朱儁伏兵重创，被迫退回城中。但元气大伤的黄巾军已无力守城，余部于11月向精山（今河南南阳市西北）转移，被官军追上，大部战死。

河南黄巾军被镇压后，东汉朝廷将重点转向河北。因卢植久攻广宗不下，何进改派东中郎将董卓接替卢植，但董卓恃勇轻敌，被张角大败于下曲阳。10月，朝廷再调皇甫嵩进攻广宗，适值张角病死，黄巾军失其主帅，士气受挫。皇甫嵩趁机在夜间发动突袭，义军仓猝应战，张梁等3万余人战死。11月，皇甫嵩移师转攻下曲阳，张宝等10余万人被杀。至此，黄河南北的黄巾军主力先后被官军及地方豪强武装消灭。但黄巾军余部仍坚持斗争数年之久，最终在中央和地方地主势力的联合绞杀下失败。

策略战术

官军：善于利用天时、地利等有利条件（如火攻、夜袭）；集中兵力，各个击破；乘胜追击，不给对手喘息时间。

黄巾军：准备充分，利用宗教形式进行宣传和组织工作，麻痹官府；各自为战，缺乏统一指挥和协调配合；只知凭勇硬拼，不会避实就虚；以运动战、游击战等机动形式消耗敌人。

重大意义

黄巾起义是我国历史上第一次有组织、有准备的农民战争，为后来的历次农民起义提供了宝贵的经验，在中国农民战争史上占有重要地位。

持戟青铜骑士俑出行仪仗 东汉

官渡之战

——曹操军事艺术的全面体现

交战双方:曹操军队和袁绍军队

交战时间:200 年 2 ～ 10 月,历经 8 个月

将帅档案:曹操:字孟德(155 ～ 220),小字阿瞒,三国时魏国创立者;沛国谯县人,在镇压黄巾起义和董卓之乱中崛起,挟汉献帝至许昌以令诸侯,不久统一北方;三国时著名的政治家、军事家、诗人;其子丕即位后尊其为"魏武帝"。袁绍:字本初,汝南人,出身世家望族;先官任司隶校尉,后为渤海太守,不久控制整个河北

投入兵力:袁绍 10 多万;曹操 2 万

交战结果:曹操军胜利

历史背景

东汉末年吏政腐败,黄巾大起义严重动摇了刘汉王朝的统治。在镇压农民起义过程中壮大起来的各路军阀趁机割据一方,并为夺地盘而争战不息。经过多年兼并,北方形成了袁绍和曹操两大割据集团。据有冀、青、幽、并四州的袁绍实力雄厚,远强于占据中原兖、雍、梁州的曹操。为争北方统治权,袁绍与曹操矛盾激化。

精彩回放

199 年(建安四年)夏,袁绍消灭了盘踞幽州的公孙瓒,统一了河北后,自恃地广兵多,便想进军许昌,消灭曹操,统一北方后图取全国。在战略决策上,袁绍集团内部发生分歧:

曹操像

沮授认为,刚破公孙瓒,将士连年征战,身心疲惫;加之仓廪空虚,百姓困苦,不宜劳

师远征，应务农息民，待机再取中原。田丰也持同议，但一心争天下的袁绍根本听不进去这一稳妥方略，而溜须拍马的审配、郭图趁机进言：以明公之神武，跨河北之强众，灭掉曹氏易如反掌。于是袁绍决心南渡黄河，一口吞掉曹操。

曹操闻言，不敢不防。199年9月，曹操派军2万至官渡（今河南中牟境），筑垒备战。次年2月，袁绍派步兵10万、骑兵万人攻占黎阳，派大将颜良率一拨人马渡过黄河围刘延于白马。刘延军伤亡惨重，白马岌岌可危。曹操召众卿，商议对策，荀攸献计，孟德大喜。他派军至延津渡口佯渡，

图例
▶ 官渡之战前曹操军占有的战略据点
曹操军进军路线
袁绍军进军路线
✕ 重要战场

魏郡
黎阳
白马津
白马
鄄城
延津
河内
河
白马山
乌巢
阳武
济水
官渡
许昌

袁绍派颜良进攻白马，曹操采纳了荀攸声东击西的作战方案，佯向延津，然后亲率轻骑直趋白马，曹操部将关羽杀了颜良，袁军惨败。

曹操解了白马之围后，即向南撤，袁绍又派大将文丑率兵渡河追击，曹操在白马山伏击，战败了袁军，并杀了文丑，顺利地回到官渡。

曹操采纳许攸出奇制胜的作战方案，亲自率兵袭击乌巢，杀了袁绍部将淳于琼，大败袁军，并烧毁了袁绍在乌巢的全部屯粮。

曹操在乌巢烧毁了袁军的全部屯粮后，乘袁军军心动摇，发起总攻击，歼灭了袁绍军七万余人，取得了官渡决战的胜利。

官渡之战示意图

袁绍忙派兵阻截，曹操却趁袁军一心集中于黄河岸时亲领轻骑，以骁将关羽为先锋急驰白马。袁将颜良仓促应战，怎奈关羽马疾手快，没等颜良拉开架势，用青龙偃月刀把颜良剁于马下。袁军失主将，四散奔逃，白马围解。

曹操又率部向延津回撤，曹操在延津南故意丢弃财物辎重然后离开，袁军追至，纷纷下马抢夺财物。曹操见袁军只知敛财不知防备，便回军攻击，袁军顿时大乱，袁绍又一大将文丑被杀。这两战曹操挫了袁绍的锐气，但敌众我寡的劣势并未扭转，于是曹操决定避免硬扛，而是诱敌深入，伺机后发制人。他命令军队后撤，退守官渡。8月，袁军也进抵官渡。

沮授又献计袁绍：我军兵多，但战斗力不如敌军；而敌军粮食却不足，敌军不利久战，我军可围而不攻，消耗敌军实力，定可取胜。但袁绍不以为然，他下令猛攻官渡。曹操深沟固垒，严守阵地；袁绍在城下堆土山，筑高楼，用强弩射曹营，曹军造霹雳车发石摧毁高楼；袁军又挖地道攻曹营，曹军则挖壕沟相拒，战斗异常惨烈。两军在官渡相持有一月有余。在这期间，袁绍部将张郃和谋士许攸建议袁绍应趁曹操大军集于官渡，派奇兵迂回到曹操右侧，再南向袭击许昌。

官渡之战遗址

但袁绍刚愎自用，仍一味地正面强攻官渡，并扬言：我要先弄死曹阿瞒！

曹操这方面，部队本来就少，粮食又不足。让袁绍狂攻已有一月，士卒疲劳，军心开始动摇。对此，曹操万分焦急，他知道，长此以往，部队会因抵挡不住袁军攻势，再加上军粮不济而崩溃，于是致书留守许昌的荀彧，表示想放弃官渡，退保许昌。但荀彧坚决反对：此一退就会给敌人以可乘之机；主公已扼袁绍咽喉数日，正是出奇制胜的好机会，一退将功亏一篑。曹操认为荀彧言之有理，于是继续坚守官渡伺机破敌。

袁绍谋士许攸再进言袁绍绕过曹操袭许昌，绍腻烦，指责许攸与曹操暗通一气。许攸寒心失望至极，愤而投曹操。曹操一听许攸来投，高兴得鞋也顾不上穿就赶出帐外迎接。许攸问曹操军中粮食还有多少，曹操连说三次都未讲出真话，最后许攸直接指出：军中粮已尽了吧！曹操大惊，忙求许攸献一策以解危急。许攸让他派兵往乌巢偷袭袁绍的粮草，曹操大喜，依计而行。

曹操亲率5000精骑，乘夜抄小路奔乌巢，放火焚烧了袁绍屯粮；天明又集中兵力攻破袁军淳于琼部，击退袁绍援军还师回官渡。袁绍生命线一断，军心大为动摇，而当初力主强攻官渡反对张郃主张派重兵救护乌巢的郭图怕承担责任，又在袁绍面前诬陷张郃，张郃愤惧，与高览一起投降曹操。曹操见袁绍军心不稳，又有高级将领严重叛降，知道反击时机成熟，便乘势向袁绍发起反攻，大败袁军，歼敌7万余，缴获大批军资，袁绍只带800骑逃回河北，从此一蹶不振。曹操以少胜多，取得了官渡之战的胜利。

策略战术

以人才优势取胜，虚心听取谋臣良策；声东击西；后发制人；坚守阵地，以待时机；断敌粮草。

重大意义

重创了袁绍；为统一北方奠定了基础；灵活机动的用兵正确性再次得到验证。

赤壁之战

——三国鼎立局面确立

交战双方：曹操军队和孙权、刘备联军

交战时间：208 年

将帅档案：曹操 (155 ~ 220)：字孟德，三国中魏的实际创立者；三国时杰出的政治
家、军事家、诗人。孙权 (182 ~ 252)：字仲谋，三国吴的建立者，孙坚子，
吴郡富春人；三国时杰出的政治家。周瑜 (175 ~ 210)：字公瑾，庐江舒县
人，三国吴国名将；出身江南士族家庭，早年从孙策，策死佐孙权；精
通音律；赤壁之战吴军主帅

投入兵力：曹军二十三四万，孙刘军 5 万

交战结果：孙刘联军大胜，曹操退回北方

历史背景

官渡之战后，曹操成为北方最大的军阀势力；此后他消灭了袁绍
残部，夺取了幽、冀、青、并四州；207 年又亲率大军出卢龙塞；最
终打败乌桓，统一了北方。

208 年 7 月曹操挥师南下，荆州牧刘表之子刘琮不战而降
曹操，曹操占领荆州，欲沿江东下灭吴，统一中国。孙权与
刘备于是联合以抗曹操。

精彩回放

曹操东征西讨，统一北方后更加雄心勃勃，他想像秦始
皇、汉高祖一样一统天下，建不世伟业。208 年 7 月他率雄师南
下征伐割据荆州的刘表和据有富庶的扬州、会稽六郡的孙权。时刘

周瑜像

表新丧，次子刘琮被外戚蔡瑁拥立为荆州之主，蔡瑁畏曹操势大，就胁迫刘琮降了曹操，
曹操控制了荆州。这时刘备正驻樊城，闻讯忙率部向江陵退却；曹操不容物资资要补给

赤壁之战
火烧赤壁是中国战争史上火战中最著名的战例。

基地江陵落入刘备之手，便亲提 5000 轻骑星夜驰来，在当阳长坂坡击败刘备占据了江陵。刘备无奈与张飞、赵云退走并会合了关羽、诸葛亮，退居樊口一线。

唇亡齿寒，曹操下一目标将指向孙权。孙权自感力量单薄，便遣鲁肃去见刘备，说明联合抗曹的意向。处于困境的刘备欣然接受，并派诸葛亮和鲁肃一同去见孙权。诸葛亮为使孙权坚定抗曹决心，便使激将计。他一见孙权便劝孙权投降曹操。孙权问：你家主公为什么不降？诸葛亮说：我家主公乃当世英雄，怎么能投降？孙权认为诸葛亮藐他不如刘备英雄，便拂袖而去。鲁肃忙追之至内室说：诸葛亮有妙策破曹操，才故意拿话激主公，主公您不可小气量而误大事！孙权恍然大悟，忙又出来给诸葛亮赔礼并请其讲良策。诸葛亮亦给吴侯赔礼以谢刚才言语冒犯之罪，然后给孙权分析时况：刘备虽新败，但尚有水陆 2 万余众；曹操虽兵多，但连续作战又长途跋涉，已是强弩之末。再则曹军多为北方人，不善水战；而新占荆州，人心未安，因此不足为惧；只要孙刘齐心协力，定可破曹，进而三分天下。孙权对诸葛亮之言很是赞同。

可是东吴士族官僚张昭等人怕吴军一旦战败，自己的富贵安逸生活就不复存在了，而吴 3 万抵挡 23 万曹军无异于以卵击石，他们主张趁早投降曹操，还有讨价还价的资本。孙权受他们影响又有点动摇。鲁肃密劝孙权召回军事统帅周瑜商量对策。周瑜奉命从鄱阳赶回柴桑见吴侯。周瑜年轻有魄力，他蔑视投降派，力主与曹操一决雌雄，还陈言手下武将黄盖、韩当、甘宁等将皆骁勇善战，并不怕曹操。周瑜还就兵力、天时、地利、人和等几个影响战争的重要因素方面作了精辟的分析，说胜敌不是没有可能。孙权听罢不再犹豫，他令周瑜、程普为左右都督，鲁肃为赞军校尉，统率精兵 3 万沿长江西下与樊口刘备军会师，联手防御曹操。

208 年 10 月，周瑜会合刘备，尔后继续挺进，前锋部队在赤壁遭遇曹军，两军交战，曹军前锋军即被联军打败。曹操见初战不利，便引军退至江北的乌林屯驻，两军隔江对峙。

不久，曹军中疾病蔓延，北方人又不适水上颠簸，船左右摇晃，让他们食无味口，睡无安意；曹操便令人把数百条战船以铁环首尾相接以求平稳。周瑜部将黄盖便向周瑜建议用火攻奇袭曹军战船，这一意见与周瑜不谋而合，周瑜便决定"以火佐攻，因乱击之"。

周瑜需用一人去诈降曹操，黄盖表示愿往。为了让曹操相信，周瑜施用"苦肉计"，将黄盖打得皮开肉绽，然后让他写信致操请降。曹操不知是计，大喜，与黄盖约定降期。是日，黄盖率艨艟斗舰数十艘，载满浸灌油脂的干柴，上蒙布料，插上投降旗号，又预备快船系挂在这些船之后以便放火后换乘，然后向江北进发。当时江上正猛刮东南风，战船航速很快。曹军望见江上来船，以为这是黄盖如约来降，皆"延颈观望"，不作丝毫防备。黄盖在船距曹军战船一公里处时，下令各船同时点火。曹操一看黄盖船全部着火，才知敌船来意，急令己船退却散开，但连环的战船退速极慢，一时又弄不开铁环。黄盖船转眼即到，一时间"火烈风猛，船往如箭"，曹军战船巨群顷刻变成一片火海。火借风势，风助火威，火开始向岸上蔓延，烧到了江北岸的曹营。曹军让这突如其来的大火烧得乱成一片，溃不成军，烧死的、溺水淹死的、被自己人踩死的不计其数。孙刘联军主力舰队乘机渡江北进，猛攻曹军，曹军大败，曹操率残部由陆路经华容道，狼狈退回江陵。他自感纵横沙场二十年来未有如此惨败，沮丧至极，回北方去了。

赤壁之战遗址
位于湖北省赤壁市西北长江南岸。

策略战术
曹魏输在战技战法上。

孙刘联兵：以火佐攻，趁乱击之；苦肉计诈降欺敌，出其不意；争取同盟，创造优势。

重大意义
赤壁之战是以少胜多的战例，奠定了魏、蜀、吴三国鼎立的局面，对中国后来的政权格局有着决定作用。

功成八阵图

——诸葛亮改革阵法

诸葛亮档案：诸葛亮（181～234）：字孔明，山东琅琊（今沂南县）人；三国时蜀汉杰出的政治家、军事家、战略家；曾隐居南阳，人称"卧龙"，自比管仲、乐毅；后刘备三顾茅庐，请其出山；辅佐刘备联吴拒曹，在赤壁大败曹操，趁机占领荆州，后取两川，与魏、吴形成三足鼎立；刘备死后，南平孟获；五伐中原，一度占据优势，终因积劳成疾，病故于五丈原；诸葛亮生性灵巧，精通天文、地理、兵法、政治，发明了许多作战、运输工具，如诸葛亮灯、连弩、木牛流马等；善于处理民族关系，为我国西南边疆的开发、民族的融合、川滇经济的发展做出了不可磨灭的贡献；其著作极有价值，传世约有 10 万余字

历史背景

"八阵"最早为孙子所创，郑玄《周礼注》中记载：孙子八阵有"苹车之阵"，是利用"对敌自隐蔽之车"构成的防御方式。其后《孙膑兵法》中有《八阵篇》。东汉时，八阵已在作战或军事训练中普遍使用；窦宪曾"勒以八阵"，大破北匈奴单于。东汉末年，八阵更为流行，成为"士民素习"的项目。

八阵图介绍

诸葛亮的八阵图，是在古代八阵基础上突破创新后编成的图阵。诸葛亮从实际出发，针对蜀军作战对象魏军的骑兵优势和作战地形多山地的特点，以当时最先进的速射武器"元戎"为支撑，改革原有八阵，推演出能发挥蜀军步、弩兵

诸葛亮像

诸葛拜北门石

故宫御花园天一门外右侧显要位置上摆有一块硕大鹅卵石，虽是极一般的材质，但因其自然构成绝妙画面而堪称一绝。深色纹路显出诸葛拱手祭拜七星北门的身影。

特长，更加适合山地作战的八阵图。八阵法在唐代失传，现有三处八阵图遗迹，为诸葛亮当年垒石以作：第一处在鱼腹江边沙石滩上，第二处在汉中定军山以东的高平旧垒，第三处在新都弥牟镇（今属成都），其中第一处保存最好，显示为八八六十四堆垒石。经后人研究，八阵图解析如下：

八阵编程及原则

八阵为集团方阵。从阵式编程看，每个八阵都具有八个方向。每一方向编有一中阵，分别为天、地、风、云、龙、虎、鸟、蛇。所谓"散而成八，复而为一"，就是说单看为八个中阵，合起来看则是一个大阵。阵中央，是大将及余奇兵（中央大将直属之兵），"中心零者，大将握之"。《唐李问对》中有"数阵有九"之说法，因此八阵中央也可视为一个中阵，故宋朝又把八阵称为九军阵。

每一中阵，平时编为6个小阵，中央编为16个小阵，整个八阵共64个小阵。大方阵之后，可能还有游骑24小阵，则共为88小阵。为了防御时停滞敌人的进攻，在八阵的外围还设置了冲车和鹿角等障碍物。

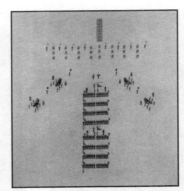

伏虎冲敌式　清　选自《伏虎开
山阵式图册》

抄手环攻式　清　选自《伏虎开
山阵式图册》

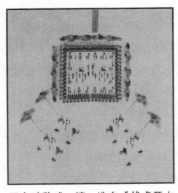

固守破敌式　清　选自《伏虎开山
阵式图册》

诸葛亮的八阵法影响甚为深远，自三
国至清末，其阵法精髓一直影响着历
代兵家们的排兵布阵。以上三阵为曾
国藩克太平军时所创，是八阵的变通。

编程阵内兵力部署遵循以下三原则

一、包容和对称。八阵的大、中、小阵之间，是包含容纳的关系。大阵由中阵编成，中阵由小阵编成。从全阵看："阵间容阵"、"大阵包小阵"。在阵式结构上，则保持两两平衡，形成"隔落勾连，曲折相对"（阵的角落互相牵连呼应，一曲一折，彼此相对）之状。

二、中外和离合。在兵力配置上，八阵区分为中外（中央和外围）。其大部兵力配置在外围；少而精的兵力配置在中央，形成厚外薄中、外重内轻、外实内虚的特点。在配置阵地时，讲究离合。由于阵地上多为丘埠、沟堑、茂林等崎岖障碍，因此讲究离，对其兵力进行必要的分散配置，以避开障碍；又要求合，在分散配置以后，能在统一指挥下迅速合成作战。

三、奇正。在编程时，把部队区分为正兵（常规作战部队）和奇兵（非常规作战部队）。在区分奇正时，把八个中阵区分"四为正，四为奇"。在部署奇正时，"各以一正而间一奇"。在八个中阵之外，还区分出"余奇"之兵。

八阵的机动方法

编成后的八阵，可根据敌方作战方向的调整而及时变换方向。由于阵式对称，只要前部改为后部，后部改为前部，或左部改为右部，右部改为左部，即实现掉头，灵活方便。但是阵形毕竟庞大复杂，为了保持协调对称，前进时不能速奔，后退时不得猛跑，使机动速度受到一定限制，即《唐李问对》中所说"以前为后，以后为前，进无速度，退无遽走"。

八阵的战斗方法

八阵具有全方位的作战功能，有四正可充当四头（侧翼），有四奇、四冲可充当八尾（增援部队），某一方向受到攻击，该方向不必做出根本改变，即可完成主要作战方向的部署，形成阵首、侧翼和殿后的兵力配置。一处受攻击，相邻左右中阵可自动作为两翼，上前夹击来敌，即《续武经总要》所说"四头八尾，触处为首，敌冲其中，两头皆救"。

成都武侯祠

兵种之运用

骑兵是阵内最活跃、机动性最强的因素（"首尾相救，变用不穷，皆出于冲骑"），其运用方法是：赋予其侧击、佯击、伏击、阻击、断敌粮道、尾击、夜袭和行军、布阵、宿营时的警戒等众多任务。平时，骑兵横列成两排，置于大方阵之后，即《武备志》所讲"行则居前，止则居后，战则进退无常位"。

阵内弩兵在其他兵力的配合保护下，弥补了短于自卫的弱点，使其长于远射的优势得以发挥。运用弩兵的方法，是强调协同。诸葛亮《军令》中规定：当来犯之敌在鹿角前受阻时，阵内弩兵立姿发射，同时矛戟兵蹲姿前进作战，相互协调，矛戟兵不得站立和停步，否则影响弩兵射程。

车兵用车设置障碍，迟滞、割裂敌军的冲击，掩蔽和保护阵内步、弩、骑兵，提供良好的防御保证。在山地遭遇战中，如果敌军骑兵左、右翼前来夹攻，我军步兵由行进转入仓促防御，又不便登上山岭时，则用车布于阵外，阻敌冲击；在难于展开的狭窄地形，则把布于阵外的车排成锯齿形，以御敌冲击。

阵形变化

为适应不同地形和敌情，八阵须视实情将阵形调整为方、圆、曲、直、锐等形状，又需根据作战不同阶段的需要，调整其阵中兵力部署，组成不同的阵势。如在行军时组成发兵结阵之势，备战时组成敛兵待敌之势，防御时组成先锋应敌之势，追击时组成战胜追逐或收阵整兵之势，等等。

重大意义

八阵图综合发挥了步、弩、骑、车协同作战的威力，其快速反应和灵活机动的作战特点为后世借鉴运用，完善发展了攻守兼备的阵法，丰富了军事艺术。

军阵

——高度规模优势的集团化战法

"阵"同"陈"，原意是指战车和步兵的排列，也就是军队的战斗队形。战争不是从来就有的，军队也是，军阵首先以武舞的形式出现于战争中，至春秋战国时，军阵才始具规模，参与到大的军事行动中。这时的军队阵形从最基本的一卒、一伍开始，直到全队、全军，都要做到"立卒伍，定行列，正纵横"，按照一定的军事规范来进行部署——军阵实际上就是各种战斗阵形的排列和组合。每一次作战的实施过程，都是以己方一定的阵列去冲击敌方的阵列或是迎接敌方阵列的进攻。严整而适当的军队阵形是发挥整体战斗力、实现作战意图所必需的条件。在历代的战争中，军阵以集团化的规模优势、以其波诡云谲的奇丽多变而为历代军事家或将帅所乐意采取。到了现代，军阵之出现于战场已经是少有的事了。因为，战争的科技含量越来越高，而对其主体——人——在数量上的要求越来越少，已不成其为军阵了。

▶ **云南沧源崖画上的武舞图**

民族学表明，一些原始的氏族和部落，在战斗之前往往要面对敌人举行具有原始宗教和巫术意义的歌舞，战士们头戴奇形怪状的面具，手执武器，且歌且舞，声威慑人。这幅武舞画中，战士手持盾牌和矛，既舞且蹈、左右张扬。《华阳国志·巴志》记载，武王伐纣时，从征的巴族军队"歌舞以凌"殷人，就是这种习俗的孑遗。在原始人看来，这种行动能够祈求神灵的庇佑，鼓舞士气，在心理上给敌人以巨大威慑，所以它包含了某种原始的战术意识，并且，由于在歌舞时都有一定的队列，我们可以将这种武舞理解为军阵的发轫。

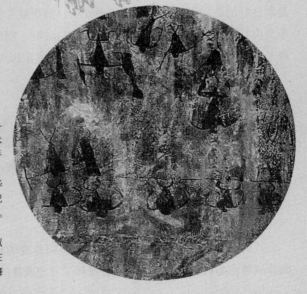

▲ 春秋方阵——鱼丽阵

春秋战国时期的军队在投入战斗时队形总是排列整齐的方形（拒），名为方阵，有"三阵"和"五阵"两种。三阵是由中军、左拒、右拒三个方阵配置成的宽正面横向队形。五阵是一种按前、后、左、右、中五个方位来排列的行军队形，其大、纵、深的疏散配置便于战车部队展开，充分发挥兵器的威力，五阵对复杂的地形也很适应。"鱼丽阵"是三阵的变通。

▼ 秦始皇兵马俑阵

位于陕西临潼骊山之下的秦始皇陵，至今封土耸峙；在其周边发现的规模庞大的兵马俑坑，以其气势磅礴的陶俑军阵，再现了昔年横扫关东的百万秦军的雄风。它模拟当时军阵的真实情况，反映出当时军队正由车步并同向以步兵为主力的转化。一尊尊渊停岳峙的俑像，看来令人豪气顿生，诗兴大发："秦王扫六合，虎视何雄哉？挥剑决浮云，诸侯尽西来……"

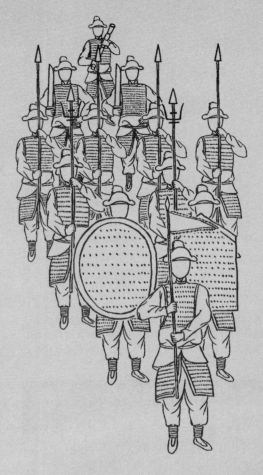

◀ 鸳鸯阵

戚继光训练戚家军，特别重视武艺训练和实战需要。他根据南方水网地带特点和倭寇惯于使用倭刀、长枪等兵器的情况，创造了攻守兼备的鸳鸯阵。鸳鸯阵以12人为一队，长短兵器配合。一人前面为队长，第二排两人持牌（圆长各一），第三排两人持筅，第四排四人持长枪，第五排两人持短兵器，最末一人为火兵。敌进百步内始发火器，60步内射弩箭，敌人再进则以鸳鸯阵冲杀。根据战时需要，鸳鸯阵还可变为"两才阵"或"三才阵"，以便更有效地杀伤敌人。鸳鸯阵因敌因地变换队形，发展了中国传统阵法。

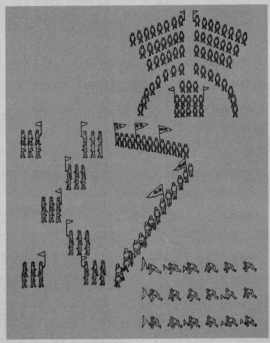

▲ 太平军战阵图

其中包含四种战阵，分别为：螃蟹阵、牵线阵、百鸟阵、卧虎阵。

▲ 清代鸟枪阵图

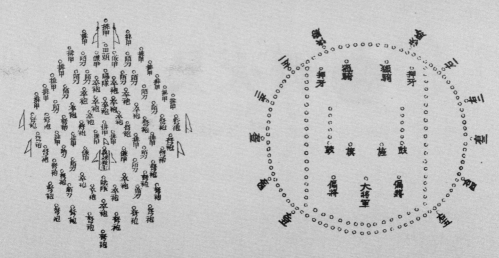

▲ 阴阳阵图 唐·李筌《太白阴经》

魏晋至隋唐阵法已趋繁多且愈益成熟。有两种形态，一是进攻型的方阵，一是防御型的圆阵。图示是由排（牌）手、陌刀手、弩手等组成的一种步兵战斗阵形，是八阵的一种。本阵以排手、陌刀手掩护弩手，发挥弩手的密集连续射击能力。弩手的射击则为陌刀手的冲锋提供强大的火力支援。"阴阳"之谓已近玄虚，表明布阵之学受阴阳五行思想影响很深。

JINMIEWU 晋灭吴

——恢宏壮观的水陆联合作战

交战双方：晋国军队和吴国军队

交战时间：280 年

将帅档案：王濬(206～286)：字士治，弘农湖县人，西晋军事家，灭吴战争晋军将领，率军入建业灭吴。杜预(222～284)：字元凯，京北杜陵人；西晋政治家、军事家、学者，博学多才，善谋略，故有"杜武库"之称；灭吴战争晋军将领

交战结果：吴亡，全国统一

历史背景

263 年蜀汉为魏将邓艾消灭之后，265 年司马炎篡魏自立，建立晋朝，三国只剩孙吴偏安东南一隅，苟延残喘。264 年孙皓继为吴君，他荒淫无道，纵情酒色，吴国日益腐败衰弱。而司马炎此时苦练水师，积极准备灭吴。

精彩回放

279 年，晋益州刺史王濬、荆州刺史杜预上书晋武帝司马炎，以吴主孙皓凶残无道，政治腐朽，建议武帝举兵伐吴。同年 11 月，司马炎依羊祜生前方略，兵分 6 路，大举征吴。

镇军将军、琅玡王司马伷自下邳向徐中进军，安东将军王浑自寿春向江西，建成将军王戎自豫州向武昌，平南将军胡奋自荆州（今河南新野）向夏口，镇南将军杜预自襄阳向江陵，龙骧将军王濬、广武将军唐彬自益州浮江东下向建

马钧指南车模型 三国

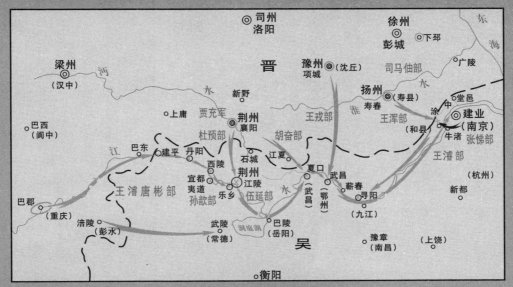

晋灭吴之战示意图

业，六路大军共 20 余万。武帝又以太尉贾充为大都督，率中军屯襄阳，
节制诸路大军。以张华为度支尚书，负责军饷筹拨。因伐吴大军分水陆二
师，为了协调作战，武帝命王濬水师下建平时受杜预节度，至建业时受王
浑节度。

　　280 年 1 月，晋军向孙吴发起全面进攻。正如羊祜所料，晋军进展非
常顺利，没有遇到什么抵抗。杜预军兵不血刃，攻取了江陵；胡奋军也没
费多大劲，攻克江安；王濬军 2 月克丹杨，进逼西陵峡。吴军在此设铁索
横江，又作铁锥暗置江中，妄图以此阻击晋军；王濬作大筏数十个，缚草
为人，立于筏上，使水性好的士兵支筏先行，筏遇铁锥，锥即着筏而起；
王濬又用大火烧融铁索，终于排除了障碍，长风破浪，旋克西陵，乘势攻
克夷道。此时，吴西线统帅孙歆自乐乡出兵迎击，杜预为协助王濬，派周
旨率精兵 800，乘夜突袭孙歆乐乡的大本营。孙歆遭王濬、周旨前后夹击，
大败被俘，乐乡告破。王濬乘胜进击，击杀吴水军都督陆景。

　　与此同时，王戎军也连克江夏郡的江北诸地，进逼江岸。几路晋军皆
势如破竹，所向披靡，齐头并进，遥相呼应，吴属荆州各郡闻风纷纷降服。
鉴于荆州已定，武帝调整战略部署，着手策划东线战争：王濬、唐彬军继
续顺江东下，与胡奋、王戎共平夏口、武昌，然后直捣建业；杜预去安抚
零陵、桂阳等新收复的州郡，并分兵增援王濬。依据晋武帝的新令，王濬

、王戎联军攻占夏口，继而夺取武昌，"泛舟东下，所在皆平"。这样，长江上游地区已完全并入晋的版图。

这时，晋太尉贾充上表司马炎，要求收兵，以后再战，司马炎驳回了他的奏章，于是王濬率水陆大军8万直趋建业。

早在王濬、杜预的西线战事进行时，东线战事也进展顺利。1月间，司马伷进抵涂中，逼临长江北岸；王浑军已抵横江一带。2月，孙皓派丞相张悌督丹阳太守沈莹、护军孙震等率一万精兵渡江迎击王浑军。3月，两军在江北版桥大战一场，吴军大败，张悌、沈莹均战死，吴国上下震动。此时，王浑部将何恽

汉代战船模型
至魏晋时，战船构造及功能已经比它更加完善了。

建议乘势"速引兵渡江，直指建业"。但王浑只知奉诏行事，拒纳建议，停军江北，等待王濬。

同年3月，王濬所率舟师逼近建康。孙皓忙派游击将军张象率水师万人进行抵抗，由于军心涣散，吴军"望旗而降"，王濬舟师顺利抵达三山（今南京西南）。孙皓企图再凑2万兵抵抗，但这些士卒出发前夜逃亡殆尽，吴国已无兵可守。这时，王浑派人邀王濬到江北议事，王濬临机果断，不理会王浑而扬帆直趋建业，回报说"江风正利，不便停泊"。3月15日当天，王濬率8万卒鼓噪着开进石头城，孙皓见大势已去，自缚出降于王濬军前，吴国灭亡。

策略战术
战前充分准备；瓦解敌军士气；六路齐发，水陆并进，东线牵制，西线主攻。

重大意义
结束了汉末以来90多年的分裂局面；迎合了民愿，顺应了历史发展趋势；加强了中华民族的交流和融合，加强了南北交通。

淝水之战

FEISHUIZHI ZHAN

——中国再度分裂

交战双方：前秦军队和东晋军队

交战时间：383年9月至12月，历时3个月

将帅档案：苻坚（338～385）：十六国时期前秦皇帝，杰出的政治家，字永固，氐族，略阳临渭人；在名臣王猛辅佐下曾统一了北方。谢玄：谢安侄，淝水之战东晋军统帅。谢安（320～385）：字安石，阳夏（今河南太康）人，出身士族，东晋丞相，著名的政治家

投入兵力：秦90万余，晋8万

交战结果：前秦军大败，晋军获胜

历史背景

苻坚即位后，励精图治，重用汉人王猛辅政，经过20余年的努力，终于统一北方。但北方民族纷杂，矛盾潜伏，前秦并不稳定；而连年用兵，前秦人力物力消耗很大。

精彩回放

谢玄像

383年7月，前秦王苻坚下诏伐晋；8月，他命丞相兼征南大将军苻融督张蚝、梁成等统步骑25万为前锋，直趋寿阳；命幽、冀二州兵向彭城集中而后南下；命姚苌督梁、益之师顺江而下；自己亲率主力出长安，经项城向寿阳。几路军步兵60万，骑兵27万，羽林郎3万，共90万，在东西几千公里长的战线上水陆并进攻晋。

面对秦军大兵压境，原先为统治阶级内部权力分配而互相倾轧拆台的东晋士族阶层团结起来，携手共抗外侮。谢安就是晋王朝风雨飘摇终不倒的股肱重臣，他命其弟谢石为征讨大都督，谢玄为前锋都督率北府兵8万，赴淮南迎击秦军主力；又遣胡彬率水军

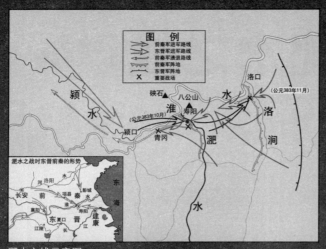
淝水之战示意图

5000 增援战略要地寿阳。383 年 9 月 18 日，秦帅苻融率秦军前锋攻占寿阳，擒晋平虏将军徐元喜；增援而来的胡彬闻讯便退守硖石；苻融军不久即到，猛攻硖石。秦将梁成率兵 5 万进抵洛涧，并在洛口设置木栅，封住淮水，遏制晋军增援。

胡彬被围硖石，粮草乏绝，便遣使去向谢石求援，信使为秦军截获，东晋军情泄露。苻融便把晋军兵力不多、粮食不继的情况告知苻坚，并建议秦军迅速挺进，以防晋军逃遁。苻坚大喜，便甩下项城的主力大军，自带 8000 轻骑驰援寿阳，并遣已降秦的原晋襄阳守将朱序去晋军中劝降。朱序到晋营后非但没有劝降，反而建议谢石不要坐失良机，趁秦军尚未全部抵达，迅速出击，攻其不备，挫伤他的锐气，这样才可能最终战胜秦军。谢石与谢玄、谢琰等北府兵将领商量后，接受了朱序的建议，决定改变作战方略，转被动防守为主动攻击，先取洛涧，再西向与秦决战。

谢玄命骁将刘牢之率 5000 精兵夜袭洛涧，秦将梁成在洛涧边上列阵迎战。刘牢之分兵一部迂回到秦军阵后，断其归路；自己率兵强渡洛水，向梁成军猛烈攻击。秦军后背遭袭，前方敌军冲击又劲，抵挡不住，溃败，梁成战死，5 万秦兵在 5000 晋兵的冲击下土崩瓦解。秦扬州刺史王显被俘，大批辎重、粮草为晋军获得。此战极大鼓舞了晋军士气，谢石乘机挥师水陆并进，直逼秦军。苻坚站在寿阳城上，看见晋军阵容严整，又望见淝水东面八公山上的草木，以为也是晋兵，心生惧意，当下斥责苻融：这明明是强敌，你怎么说他们不堪一击呢。

秦军逼淝水而阵，晋军不得渡河。谢玄知己方兵微粮少，宜速战速决，不宜久战。他遣人至秦军营要求苻融后撤军阵以利晋过河后决战，前秦不少将领都认为这是晋军的诡计，劝苻坚不要理会。但苻坚却说：从之！只引兵微退，待他们一半渡河、一半未渡时用精骑冲杀之，即可取胜。于是苻融下令秦军后撤。秦军本无战心，经洛涧一战又士气受挫，而人数又庞大，这一撤退造成阵脚大乱；此时朱序却又乘机在秦军阵后大喊：秦军败了！秦军败了！让不少秦兵信以为真，于是阵形更乱了，秦兵开始争相奔逃。苻融见形势不妙，飞马冲到前方，想阻止士卒的后退，但坐骑为敌军冲倒，未待爬起来，晋军已冲到他面前，一刀将他砍死了。

　　秦兵主帅被杀，更溃不可止，而东晋北府兵又勇猛善战，秦军大败。路上听到风声鹤唳，也以为是晋军追来了呢！苻坚也中箭，仓皇北逃。秦军冻饿死的、互相践踏踩死的十有八九，晋军一直追至青冈才收兵，淝水之战以秦军大败而告终。

谢安像

策略战术
前秦输在人心向背上。

　　东晋抓住时机主动出击；诱敌自乱，乘隙掩杀；民心所向，将士尽力；掌握敌情，知己知彼。

重大意义
淝水之战是以少胜多的战例，对中国后来的政权格局有着决定性的作用。

　　淝水之战使东晋王朝的统治得到了稳定，有效地遏制了北方少数民族的南下，保证了江南地区经济的恢复和发展；而北方则重新陷入分裂。

淝水之战图

拓跋珪的战法

——越过坚城，纵深攻击

交战双方：北魏军队和宋（刘）军

交战时间：386 年 ~ 439 年

将帅档案：拓跋珪：北魏开国皇帝（370 ~ 409），鲜卑族杰出的政治家、军事家；386
年复代国，同年改称"魏"，定都平城（今大同），39 岁死。崔浩（? ~ 450）：
北魏大臣；字伯渊，山东武城人；南北朝时期著名的政治家，对促成
北魏统一北方做出了杰出贡献；善书法，通阴阳术数

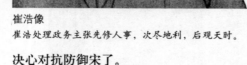

历史背景

前秦淝水之战被东晋打败后，刚统一不久的北方
又陷入分裂局面，拓跋珪趁机复国，他创造出"越过
坚城，纵深攻击"的战法，以较小代价换取最大收获；
在其子拓跋嗣、孙拓跋焘在位时更得到完善，使北
魏逐渐发展壮大。

精彩回放

拓跋珪死后，拓跋嗣取得皇位，当时南
朝的宋和西疆的大夏赫连氏是北魏的两大威
胁，特别是宋在刘裕时曾攻占长安、洛阳、
灭后秦，势力扩展到中原心脏，引起了北
方诸政权的不安。拓跋嗣政权巩固后，便

崔浩像

崔浩处理政务主张先修人事，次尽地利，后观天时。

决心对抗防御宋了。

拓跋嗣调集军队欲攻打南朝宋的洛阳、虎牢、滑台三处要塞。他以奚斤带两万军队
渡过黄河，在滑台东面屯营，准备强攻滑台。名臣崔浩谏道：南人擅长守城，从前秦主
苻坚攻襄阳，一年都没打下来，损失惨重。如今大军团受阻于小城市，一旦敌人增援保

卫，我军处境就危险了，不如遣铁骑四面分兵出击，直至淮河以北，掠夺粮食钱帛，把洛阳、滑台、虎牢三地分割在后方，成为孤城，隔断它们与宋都建康的联系，那么守军久无支援，

嘎仙洞
位于今内蒙古鄂伦春自治旗阿里河镇北大兴安岭北段东端的嘎仙洞，是鲜卑族的发祥地。

必然会沿黄河撤退，三城即唾手可得。

拓跋嗣认为很在理，于是命奚斤依计而行。刚开始，奚斤军占领了滑台周围仓桓等小城，使滑台成为孤城；但这时奚斤没有纵深攻击，而是存侥幸心理，率魏军围攻滑台，结果强攻数日未克，奚斤向平城求援。拓跋嗣见奚斤未按计划作战，以致损兵折将，收效甚微，怒不可遏，即命太子拓跋焘留守平城，自率五万大军去增援奚斤。崔浩又谏言：滑台已被围困多日，既已强攻开了，不如继续攻打，指日可下。于是拓跋嗣令奚斤五日内攻下滑台，将功抵罪；再拿不下，二罪归一，决不宽恕。

奚斤率军冒着飞石流矢猛攻滑台，攻势一浪高过一浪；东晋滑台太守久守孤城，早已力不从心，为了活命，欲举城投降，但手下将士不从，太守只好只身逃跑。城中剩余士兵拒不降魏，奋死抵抗，魏军攻入城内，宋军和敌人展开激烈的巷战，力竭城陷。奚斤乘胜追击，前锋直抵虎牢关。拥有绝对优势的北魏军队相继攻占了虎牢、金墉城、洛阳，当年刘裕打下的河南诸地再次被五胡占去。

拓跋嗣之后，太武帝拓跋焘用此战法攻占大片土地，并于439年统一北方。

策略战术

越过坚城，纵深攻击，减耗实力。

重大意义

促成北魏由小国发展成为独霸北方的北朝；对后世军事战争有深远的影响。

刘裕灭后秦

LIU MIE HOU QIN

与北军不同的南朝军事

交战双方：晋刘裕军队和后秦军队

交战时间：416 年 8 月 ~ 417 年 8 月

将帅档案：刘裕（363 ~ 422）：字德舆，小名寄奴；先祖是彭城人，后迁居京口；南朝宋的建立者，史称宋武帝；中国历史上杰出的政治家、军事家、统帅；北府兵著名将领

交战结果：刘裕军胜利，后秦灭亡

宋武帝刘裕像

刘裕为政崇尚简约，实行"庚戌土断"，集权中央。谥武，庙号高祖。

历史背景

刘裕攻灭南燕，镇压了国内卢循、徐道覆起义，剪除了刘毅、诸葛长民等反对派势力后威望日高，朝廷地位愈发稳固，为了为代晋积累足够资本，又值后秦动乱，刘裕决定攻伐之。

精彩回放

416 年 8 月，东晋太尉刘裕亲率大军大举伐秦。冀州刺史王仲德督前锋诸军自彭城经泗水北进，自巨野泽入黄河；建武将军沈林子率水军出石门，自汴水入黄河；龙骧将军王镇恶、冠军将军檀道济率步骑自淮淝向许洛；新野太守朱超石率陆军由襄阳直趋阳城。四路军均从正面进攻，目标是会师洛阳。另派振武将军沈田子、建威将军傅弘之领一支偏师由襄阳直趋武关，以牵制后秦军；刘裕自率水军主力屯驻彭城。待水路通后北上会诸军攻取关中。

9 月，前锋诸军进展神速，所向披靡；秦将王苟生于漆丘降于王镇恶，徐州刺史姚掌于项城降于檀道济，其他要点屯守兵力亦望风降附。檀道济又破新蔡，执杀太守董遵，进克中原重镇许昌，擒获秦颍川太守姚垣；10 月，王镇恶与檀道济会师成皋，进而克荥阳，朱超石军也进抵阳城。后秦镇守洛阳的征南将军姚洸向长安求援，但秦主姚泓因背

后受赫连勃勃大夏牵制，只派出少量援军前往。王镇恶、沈林子长驱直入，秦将赵玄战死，石无讳退保洛阳，刘裕军进逼洛阳，姚况苦等援军不至，只好出城投降。晋军俘秦兵4000余，为争民心，檀道济命尽行释放，羌人感悦，归者甚众。秦援军阎生等得知洛阳失陷，遂止军不前。

重装甲马作战图 西晋
此图表现了北方战争的场面，再现了重装甲马和步兵作战的特征。

417年1月，刘裕从彭城出发，率水师北上，3月，进入黄河。此时黄河为北魏所辖，北魏因与后秦有联姻关系，又怕刘裕以假道之名渡河进攻自己，于是以10万重兵屯驻在黄河北岸，并以数千轻骑沿河岸跟随着晋军舰船进行监视，不时杀戮漂流到北岸的晋军将士。刘裕在河北设奇阵"劫月阵"对付魏军的骚扰，强行通过魏境，艰险地向秦境进发。此时，沈、檀二军已围攻蒲阪多日，守将尹昭死守不降。沈林子对檀道济说：蒲阪城坚兵多，不可猝拔，攻之伤众，守之引日。镇恶在潼关，势孤力弱，不如与他合势并力，以争潼关；若得之，尹昭不攻自溃也。檀道济遂挥师南下与王镇恶会师，合力攻打潼关；3月攻占潼关，大败秦军，斩获以千计，迫使秦守将秦鲁公、姚绍退据定城据险拒守。此后，晋军与秦军在定城相持达5个月之久。

姚绍为逼退晋军，先后两次派兵截断晋军粮道，封锁水路，晋军一度陷入恐慌，沈林子一面用铿锵话语激励军士以安军心，一面向刘裕求援。但刘裕受魏军牵制，无力分兵援助；危急之下，北方人民挺身而出，他们感激刘裕来解放他们，自发地竞送义租，终于使潼关晋军转危为安。姚绍不肯罢休，再一次遣长史姚洽、予朔将军安鸾、护军姚墨蠡、河东太守唐小方率众2000进趋黄河北岸九原，设立河

骑马武士俑 南北朝

防以断绝王、檀的粮援，但被沈林子击破，将士被杀殆尽。姚绍受此打击，病发身亡；东平公姚赞代之行驶兵权，引兵攻袭沈林子，被击退。7月，刘裕率军抵陕县，部署第二阶段战略。

沈田子、傅弘之率轻骑向青泥，出秦军南翼，是为疑军以迷惑牵制敌人。朱超石军渡河北上攻蒲阪，以掩护刘裕主力大军从潼关攻长安。晋军南北成犄角攻势相向，潼关主力待发，使后秦有三面受敌的危险。秦主姚泓想先消灭南面的沈田子、傅弘之军以解后顾之忧，再迎击正面的刘裕军，于是率步骑数万直趋青泥。沈、傅军本属疑兵，只有千余人，但沈田子认为，兵贵用奇，不在多寡。于是趁秦军阵未布好，先发制人，亲引部下主动出击秦军。这时秦军已合围数重，沈田子激励部下说：不击败秦军只有死路一条。于是千余晋军无不以一当十，如猛虎下山，大败秦军于青泥、峣柳之间，斩首万余，姚泓逃还灞上。

晋军南翼大胜，而北翼朱超石却出师不利，被坚守蒲阪的秦将姚璞击败，退回至潼关。大好的形势又变得复杂起来，此时王镇恶向刘裕提出建议：愿自率水军由黄河入渭，逆水而上，直捣长安，刘裕赞同。王镇恶率军乘艨艟舟舰溯渭而上，一路势如破竹，使潼关守敌纷纷后撤去保卫京都。刚从灞上撤回的姚泓急忙调军分守渭桥、石积、灞东等长安四周军事据点，自己率军据守长安城西的逍遥园。

8月23日，王镇恶军抵渭桥后弃舟上岸，因水流湍急，所乘大小船只都被水冲走，晋军已无退路。王镇恶激励士卒：只有拼力死战才可死里逃生；王镇恶首当其冲，麾下将士皆奋不顾身，大破秦姚丕军。姚泓与姚赞引兵来救，遇姚丕部败退，自相践踏，不战而溃；姚泓单骑还宫，王镇恶自平朔门攻入长安；24日姚泓出降，后秦灭亡。

策略战术
置之死地而后生；以偏师、奇兵突袭；"以正合，以奇胜"；因势利导；"劫月阵"。

宇文泰战高欢
——北方军事大检阅

交战双方：东魏军队和西魏军队

交战时间：536～546年，历时10年

将帅档案：宇文泰（507～556）：字黑獭，代郡武川人，鲜卑族，西魏王朝的实际统治者，北周建立后遵为文王，庙号太祖；杰出的军事家，统帅。高欢（495～547）：又名贺六浑，出身于怀朔镇兵户之家，鲜卑化的汉人；东魏王朝实际统治者；北齐建立后尊为神武帝；杰出的军事家

交战结果：高欢胜少负多，两军势均力敌

历史背景

北魏末年，皇室奢靡腐化，人民不堪残酷剥削，反抗此起彼伏；阶级矛盾最尖锐的地区六镇爆发农民大起义，契胡酋长尔朱荣在镇压六镇起义后控制了北魏朝政，旋被杀，高欢尽除尔朱氏，掌握了魏政权。不堪其摆布的孝武帝西投宇文泰并为其拥立，高欢另立元宝矩，北魏分为东、西魏。

精彩回放

536年，关中大荒。12月，东魏丞相高欢乘机发兵10万进攻西魏。537年1月，西魏丞相宇文

骑马武士俑 南北朝

北方鲜卑人原为游牧民族，对骑兵的建制权为重视。宇文泰于542年实行府兵制，将练兵权与领兵权分离，平时生产，战时出征。府兵制大大提高了鲜卑族的战斗力。

骑兵和步兵战斗图 南北朝

泰出兵广阳，准备对敌。高欢以高敖曹领军攻上洛，窦泰率步骑万余直趋潼关，自己率兵进屯蒲坂。高欢于黄河上架设三座浮桥，做出欲渡河攻击渭北的架势，旨在迷惑宇文泰，以掩护窦泰军夺取潼关。

宇文泰认真分析敌情后，决定对高欢采取守势，而潜袭窦泰军。窦泰乃东魏猛将，常为前锋，其部下亦多精良，身经百战，少有败绩。宇文泰利用窦泰"屡胜而骄"的心理，欲击败他，则高欢军自退。他用宇文深之计，扬言要退往长安以保陇右，而实际却亲率精锐潜出小关，对窦泰军发起突袭。窦泰本以为西魏军已退走，想不到在关外突然出现，只得仓促应战，但阵势尚未摆开，宇文泰已挥军冲杀进来。在西魏军的猛烈冲击下，东魏军大败。窦泰戎马数十年，从未经受如此大败，自刎而死。高欢救援不及，忙令拆浮桥撤军；时高敖曹军已攻下上洛，正欲挺进蓝田关，但因窦泰败，再进已无意义，高欢命其也退军，宇文泰乘胜攻下弘农；潼关之战西魏军大胜。

537 年 9 月，高欢重新积蓄了力量，率军 20 万再次进攻西魏，以为窦泰报仇，一雪潼关之耻。时关中连年饥荒，宇文泰率军万人在弘农"就谷"已 50 余日，尚未撤军。闻东魏军至，遂引兵退入关中，征诸州兵准备迎战。诸州兵一时未至，宇文泰决定不等州兵，而乘高欢"远来新至"而进击。高欢率大军从蒲津渡过黄河，又过洛水屯于许原。10月1日，宇文泰率轻骑架设浮桥，北渡渭水，进至沙苑。大将李弼针对敌众己寡的情势，建议伏击以破敌军，宇文泰从之。他将军队分为左右两个方阵，分由赵贵、李弼率领，在沙苑以东10里的渭曲背水列阵，而东西20里，令战士"偃戈"伏于芦苇之中，严阵以待。次日，高欢军至渭曲，高欢见苇深地泞，问部下：火攻如何？大将侯景说：我们应该生擒宇文泰，让百姓看看；如果他被烧死，谁相信呢？大将彭乐也认为己军人多，百人擒一，即可大胜，高欢同意。两军遭遇，东魏军见西魏军人少，争相前进，行列大乱。行至纵深，西魏伏军杀出，左右两方阵将高欢主力一截为二；高欢军没想到有这么多伏兵，大败。高欢骑骆驼逃往黄河岸边，又乘船渡河才得保全。是役，东魏损失甲士8万余，铠杖18万。

宇文泰沙苑大胜，他乘胜东攻，攻下蒲坂、金墉，进入东魏河南之地。538年，高欢大举反攻，2月，命大都督贺拔仁攻西魏南汾州，刺史韦子粲降；命侯景驻屯虎牢，策应反攻诸军，不久，东魏河南失地又陆续收回。宇文泰不服气，3月返回长安，准备倾关中之军决战高欢。7月，东魏侯景、高敖曹会师洛阳，围攻金墉。宇文泰亲率关中兵东救洛阳，侯景与战不利，退至黄河北据河桥，南依邙山布阵。宇文泰赶到后亦展开布阵，分左右中后四军迎击东魏军，两军激战，西魏左右军败，与后军一同退兵，但中军大破东魏军，杀高敖曹。时高欢自领7000精骑从晋阳驰援侯景，宇文泰料战下去无益，于是撤兵西归。

543年，东魏高仲密于虎牢降西魏，宇文泰亲率大军至洛阳接应，同时派大将于谨攻河桥南城。高欢听说，亲领10万大军赶至黄河北岸，双方又起战事。宇文泰退军瀍上，以火船从上流而下，欲烧河桥。东魏张亮用水船百余只，各带长锁，于河中将火船截住，牵至岸边，高欢大军遂于河桥渡河，据邙山为阵。3月18日，宇文泰向高欢发起进攻。其时，东魏右翼军彭乐率数千骑冲击宇文泰军一侧，西魏军崩溃，彭乐攻入宇文泰营。宇文泰败走，彭乐乘胜攻击，西魏军大败，48名将佐被俘，3万余士兵被杀。19日，宇文泰整军再战，自领中军，以赵贵、若干惠分为左、右军，高欢以相应阵势应战。

激战中宇文泰右军攻破东魏军左翼，然后与中军合攻高欢中军，高欢马失前蹄，幸部将死命相救才得以身免。后宇文泰左军赵贵被打败，东魏军兵势复振，西魏军攻战不利，战至日暮，宇文泰下令撤兵。高欢派兵追击，西魏将独孤信、于谨收集散卒伏击追兵，西魏才得以全军而退。高欢也无心再战，遂引兵东还。

546年10月，高欢又率军攻宇文泰，在玉壁遇西魏名将韦孝宽顽强阻击，损失惨重而撤兵。回兵不久，高欢因病死去，十年东、西魏战争暂告结束。

4 隋统一之战
SUI TONG YI ZHI ZHAN
——结束了三百年的分裂局面

交战双方：隋朝军队和陈朝军队

交战时间：588年10月～589年1月，历时4个月

将师档案：杨素（544～606）：字处道，隋朝名将；在周灭北齐之战、杨坚伐尉迟迥之战中屡立战功，因功封越国公；伐陈战中任隋军行军元帅。杨广（560～618）：又名杨英，即隋炀帝，文帝次子，581年封晋王；604年杀兄弑父当上皇帝，在位荒淫暴虐，618年在江都巡游时为部将所杀

交战结果：隋军胜利，全国归于统一

历史背景

577年北周武帝灭掉北齐，统一北方；578年武帝死，静帝年幼，大权落入外戚杨坚手中；581年杨坚代周称帝，建立隋朝。杨坚经过八年与突厥的争战，消除了北方威胁；同时他还发展经济，使隋朝政治军事实力大增；而此时的陈朝政治腐败，阶级矛盾尖锐，给隋统一以可乘之机。

隋文帝像

精彩回放

588年10月，隋文帝杨坚设置淮南行省于寿春，以晋王杨广为尚书令。任命杨广、秦王杨俊、清河公杨素为行军元帅，指挥水陆军51.8万人，同时从长江上、中、下游分八路攻陈。

为了达成出其不意、攻其不备的渡江作战，进军之前，隋文帝扣留陈使，断绝往来，以保军事进攻机密不致泄露；同时派出大批间谍潜入陈境，进行破坏兼盗取情报的活动。

588年12月，杨俊率10万隋军进抵汉口，并以一部兵力攻占了湖北樊口（今鄂城西），

以控制长江上游。陈后主闻知隋朝大举来攻，忙派大将周罗睺到长江上游荆州一带组织抵御；周罗睺见隋军来势凶猛，遂收缩兵力，防守江夏（今武昌），与杨俊军隔岸相持。隋杨素率水军沿三峡东下，抵流头滩（今湖北宜昌西），陈将戚欣利用狼尾滩险峻地势，率水军固守。杨素趁月黑风高之夜，率舰船数千艘顺流东下，遣步骑兵沿长江南北两岸夹江而进。隋刘仁恩亦自北岸西进，旋袭占狼尾滩，俘获陈全部守军。陈将吕忠肃据守歧亭，以三条铁锁横江，截遏上游隋军战船。杨素、刘仁恩率一部登陆，与水军一道进攻北岸陈军，经40余战，589年正月击破陈军，毁掉铁锁，使战船得以顺利通过。此时陈公安守将陈慧纪见势不妙，焚毁物资，领3万军及楼船千艘东撤，欲援救建康，但遇到汉口杨俊军的阻击。周罗睺也被牵制于江夏，无法东援建康。

长江下游方面，隋军进攻，陈各地守将多次向陈廷告急，但权臣施文庆、沈客卿扣压告急文书。护军将军樊毅建议加强京口和采石的守备，但未被采纳。及至隋军抵临江边，陈后主犹昏聩地对侍臣说："王气在此，齐兵三来，周师再来，无不摧败，彼何为者邪！"589年1月1日（农历），杨广进至桃叶山，乘建康周围陈军正在欢度春节之机，挥师分路渡江。陈军醉生梦死，一片歌舞升平，韩擒虎轻而易举袭占采石。3日，陈后主才派萧摩诃等督军迎敌，施文庆为监军。施不谙军事，将大军集结于都城，在白下仅布一舟师以御隋军，另以一部兵力阻击采石韩擒虎。隋军突破长江防线后迅速推进，贺若弼于6日占领京口后，以一部进至曲阿牵制和阻击吴州的陈军，而以主力直趋建康。

韩擒虎军开拔至当涂后沿江直下，沿江陈军望风而降。7日，贺若弼率精锐8000占领钟山，翌日韩擒虎军进占新林（今南京西南），行军总管宇文述军3万进占白下（今南京西北）。至此，隋军先头部队已形成对建康的合围。

当时建康尚有10万兵力可调，但陈后主优柔寡断，坐失战机，不得不于1月20日孤注一掷，命鲁广达、任忠、樊毅、孔范、萧摩诃五

隋五牙战船（模型）
在隋的统一战争中，水师功不可没。

军在钟山南 20 里正面排成一字长蛇阵。但陈诸军号令不一，行动互不协调，首尾进退不能相顾；隋将贺若弼急于拔头功，未待后续大军抵达，即率 8000 人攻陈军，被鲁广达击退。贺若弼不甘失败，又引物纵火，攻孔范军，孔范不敌溃退，引起全阵动摇。贺乘胜深入，陈将萧摩诃被俘。同一天，韩擒虎进军石子岗，陈将任忠迎降，并引隋军直入朱雀门，建康被隋军占领，藏匿于枯井中的后主被俘。1 月 22 日，杨广入建康，令陈后主以手书招降了长江上游的周罗㬋等军。杨广又遣军南下岭南迫降了冼氏，至此，陈朝灭亡。

隋代虎符 甘肃庄浪出土

策略战术

集中优势兵力，分割歼灭敌军主力；间谍破坏战；几路协调作战；速战速决。

重大意义

结束了晋末以来 300 余年的分裂局面，顺应历史潮流，迎合了人民的意愿统一了中国；有利于南北经济的发展，增进了民众间的交流。

隋灭陈之战示意图

洛阳虎牢之战
LUO YANG HU LAO ZHI ZHAN
——围城打援，一举两克

交战双方：唐军和夏军

交战时间：621 年

将帅档案：李世民：即唐太宗 (599 ~ 649)，高祖李渊次子；陇西成纪人，唐王朝的实际建立者；我国古代杰出的政治家，卓越的军事家；在位时善于纳谏，勤于治国，平突厥，安四海，号"贞观之治"。窦建德 (573 ~ 621)：清河漳南 (今河北故城) 人；隋末河北农民起义军领袖；后称夏王，建都乐寿，619 年攻破聊城，杀宇文化及；后失败被杀于长安

交战结果：窦军 10 余万，唐军 3500 人

历史背景

隋朝末年，炀帝荒淫奢侈，劳民伤财，阶级矛盾激化，各地纷纷起义反抗隋暴政；河南李密瓦岗军、河北窦建德、江淮杜伏威这三支农民起义军沉重地打击了隋统治；618 年隋太原留守李渊在长安称帝，建立唐朝；瓦岗军失败后，窦建德和洛阳王世充成了唐朝的主要对手。

精彩回放

唐朝建立后，李世民东出攻伐盘踞洛阳的王世充，唐军与王世充军在洛阳城下激战半年，王世充遭重创，不久洛阳被唐军重重包围。王世充困守孤城，粮食殆尽，危急之中连连遣使向河北夏王窦建德求救。窦建德明白"唇亡齿寒"的道理，意识到王世充被消灭后，李唐政权下一个要打击的就是自己，遂决定出兵救王。

621 年春，夏王窦建德率 10 余万兵马西援洛阳，连下

唐太宗像

抬蹄战马俑 唐

唐时骑兵盛行。实行募兵制后，职业兵种与骑兵制相结合，故唐朝兵力强大、出征时胜算极大。

管州、荥阳、阳翟等地，很快进抵虎牢以东的东原一带。秦王李世民在洛阳坚城未下、窦军骤至的形势下召部下商量对策，大多数将领怕遭敌人内外夹攻而主张退兵以避敌锋，独宋州刺史郭孝恪、记室薛收反对退兵。郭、薛认为若让窦、王联合，其势更强，统一无期；主张留部分兵继续围攻洛阳，唐军主力去虎牢扼守以拒窦军；窦军一破，洛阳受震慑，可不战而下。李世民纳此议，留齐王李元吉、大将屈突通续围洛阳，自己率精兵3500人赴虎牢拒敌。

李世民一面令唐军坚守城防，一面率小拨人马骚扰试探窦军，尽数掌握了河北军的虚实。由于李世民拒守不出，窦军在虎牢城外屯扎数周却不得西进，心情郁闷，士气下降。4月，李世民又派军抄袭了窦军的粮道，窦军处境更加不利，将士思归河北。谋士凌敬献策窦建德转攻怀州、河阳，再越过太行山，向汾晋发展，从北面威胁唐都长安，则洛阳围可解。建德开始动心，但部将多不愿，王世充又频频告急，建德遂搁置其议，而决定趁唐军饲料用尽、到河北岸牧马之机袭击虎牢。李世民得到情报，遂将计就计，他派军一部过河，故意留马千余匹于河渚以诱窦军进攻。窦军果然上当，全军出动，在汜水东岸布阵，依河背山，准备进攻唐军。

李世民正确分析形势后，认为窦军犯险而进，逼城而阵，有轻视唐军之意，于是令军士严阵以待，待窦军疲惫后再行出击。窦建德等得不耐烦，遣将向唐军挑战。李世民命王君廓率200长矛兵出战，双方短兵交接，格斗数次，未分胜负。自辰时直至午时，沿汜列阵的窦军渐饥渴困乏，浑身酸软，很多人倒在地上；有的争着抢水喝，阵形开始混乱。李世民细心观察了这些迹象后，即遣宇文化及率300精骑经敌人阵西先行试阵，并指示说：如窦军严整不动，即回军返阵；若敌阵有动，则继续东进。

宇文军至窦军阵前，窦军阵势开始动摇；李世民见状，当机立断，下令唐军倾巢而出，自己率骑兵先出，主力步兵随后跟进，过汜水后直扑敌人大本营。窦军被突如其来的精骑疾冲，顿时大乱，预备抵抗唐军的战骑通道被向大本营走避的众臣将阻塞。窦建德下令群臣闪开，为骑兵让路，但为时已晚，李世民骑兵已经冲入。窦建德忙领军向东撤退，为唐将窦抗紧追不舍。突入窦军大本营的唐军与敌人展开激战，杀得河北军丢盔弃甲。李世民又遣骁将秦琼、程咬金率军迂回抄窦军的后路，分割窦军。窦建德见失败不可避免，便令全军撤退，唐军乘胜追击30里，斩杀并俘虏窦军5万余。窦建德本人也中槊，行走不便而被唐军俘获，其部属纷纷溃散，仅其妻领数百骑逃回河北。唐军大胜。

策略战术
围城打援，以逸待劳；当机立断，迂回包抄；抛砖引玉，实施奇袭。

重大意义
创造了"围城打援"的典型范例；一箭双雕，击灭了两大割据势力，为统一奠定了基础。

战争壁画
敦煌莫高窟第十二窟唐代的战争壁画。我们从双方隔河相峙、筑城而战的紧张场面，可看到"城"之于"战"的重要。

击灭东突厥

JI MIE DONG TU JUE

——李靖典范之作

交战双方： 唐军和东突厥军

交战时间： 交战时间：630 年

将帅档案： 李靖 (571 ~ 649)：唐初名将，卓越的军事家；原名药师，雍州三原人；
其舅韩擒虎为隋朝名将；为唐定江淮，败吐谷浑，攻灭东突厥，因功
封卫国公，悬像凌烟阁。李勣(594—669)：唐初名将，本姓徐名世绩，字
懋功，曹州离狐（今山东东明东南）人；因功授光禄大夫，封英国公；多
谋善断，以功悬像凌烟阁

交战结果： 唐军大胜，东突厥灭亡

李靖像

历史背景

隋朝初年，突厥分为东西两部。隋末社会动荡，中原各割据势力争战不休，突厥人趁机南侵，不断骚扰、掠夺汉人边境。东突厥颉利可汗在位时，兵强马壮，多次南下；唐朝刚建立时，中原未平定，对突厥采取妥协措施，一直处于被动防御状态；唐太宗即位后国力渐强，决定主动讨伐突厥。

精彩回放

627 年，李世民即位，是为唐太宗，改元贞观。唐太宗雄才大略，在国内整顿吏治，济世安民；于外勤练军马，积极准备反击突厥以解除北方边境的威胁。

629 年，唐代州都督张公瑾上疏朝廷，声言东突厥屡次南下扰边，破坏边境百姓的安定生活，请出兵攻伐之。唐太宗看罢奏疏，也认为征伐突厥时机成熟，于是命李靖为定襄道行军总管，李勣为通漠道行军总管，柴绍为金河道行军总管，薛乃彻为畅武道行军总管，兵共计 10 万，由兵部尚书李靖统一指挥，分道出击东突厥。唐军齐路并进，气

势恢宏。

630年1月，李靖率3000骑兵从马邑趁黑夜攻下定襄（今山西平鲁西北），东突厥颉利可汗以为唐军全军出动，便徙牙帐于碛口（今内蒙古善丁呼拉尔）。不久，其心腹康苏密中李靖反间计，挟隋萧后及炀帝孙政道降唐；颉利闻讯后大惊，怕再有身边人背叛自己甚至缚自己送给唐军，忙继续北逃，直至阴山北的铁山（今内蒙古白云鄂博）。而此时，唐并州都督李勣已率军越过云中（今山西大同），在白道（今内蒙古呼和浩特北）大破突厥，并与总指挥李靖会师。

颉利让唐军打得节节败退，很是郁闷，他遣使至长安谢罪，并表示愿亲自入朝，从此内附唐廷；太宗遣鸿胪卿唐俭前往突厥慰抚，并诏李靖与李勣迎颉利入唐。李靖看出了颉利的险恶用心，上疏太宗说，颉利是想以请

唐代铠甲式样

降作为缓兵之计，待唐军停止进攻后好收集残众，北逃漠北；一旦让他窜入漠北，联络突厥诸部，重振军威，到那时唐的祸患可就大了。太宗认为其言有理，遂令他继续追击。李靖趁夜出兵，李勣引军跟进，唐军在阴山俘获突厥1000余帐。

李靖为赶时间，不作停留，以苏定方率200骑为前锋，乘雾而行。当时唐朝的慰抚使唐俭正在突厥营中，因此颉利根本没想到李靖会在这个时候攻击他，毫无战争准备。李靖军抵至距颉利牙帐7里处时，突厥兵才发现，颉利大惊，此时已来不及布置防御工事，颉利"三十六计，走为上计"，跨上一匹千里马就逃走。突厥兵见可汗都跑了，亦溃散奔逃，唐军乘势掩杀，砍死1万余人，俘10余万，缴获牲畜10万头。

此时李勣军已抵碛口，颉利逃向碛北的路被阻断，突厥诸酋长纷纷率众降唐，李勣俘5万人南还。颉利逃至灵州（今宁夏灵武），依附小可汗苏尼失，苏尼失把他执送唐军，并率部众降唐，东突厥突利可汗等也纷纷降唐。东突厥余部或北附薛延陀，或西向投奔西突厥，漠南之地遂空。至此，东突厥灭亡。

重大意义

唐朝反击突厥之战，是长途奔袭的典范。

除了北方一大边患；维护了北疆的安居乐业，加强了民族间的融合和交流。

唐平定安史之乱

——权力的再分配

交战双方：唐军和叛军

交战时间：755 年 11 月～ 763 年

将帅档案：郭子仪 (697 ～ 781)：华州郑县人；中唐名将，卓越的军事统帅；精于谋略，用兵持重，"收复两京，再造康朝"，因功封汾阳郡王。李光弼 (708 ～ 764)：柳城 (今辽宁朝阳) 人；中唐名将，卓越的军事家；汉化契丹人，在河阳、太原曾大破叛军，号"中兴第一名将"，谥"武穆"。安禄山 (703 ～ 757)：营州柳城人，安史之乱的祸首，初为边境互市牙郎，后得玄宗宠信而得三镇节度使。史思明 (703 ～ 761)：营州柳城人，安史之乱的祸首，初为边境互市牙郎，后得玄宗赏识而官平卢兵马使

投入兵力：安史之乱被平定，安史皆死

安禄山像

历史背景

唐玄宗执政后期宠爱杨贵妃，奸相李林甫、杨国忠当政，搞得社会黑暗，民不聊生；当时唐王朝募兵制取代府兵制，驻边节度使大量募兵，势力渐强，形成割据，而中央禁军兵少，战斗力又弱，外重内轻的格局使地方节度使势力严重威胁中央。

精彩回放

755 年 11 月，范阳、平卢、河东三镇节度使安禄山诈称玄宗让其带兵入朝讨杨国忠，在范阳起兵 15 万叛唐。安禄山蓄谋已久，而玄宗又受其蒙骗，未加防范，所以叛军进展顺利，河北州县纷纷瓦解，叛军旋进入中原攻陷藁城、陈留 (今开封)、荥阳，直逼东都洛阳。

消息传至长安，玄宗慌了手脚，他以大将封常清驻守虎牢抵御叛军，又以荣王李琬为元帅、右金吾大将军高仙芝为副，在长安一带募11万兵讨伐安禄山。叛将田承嗣、安守忠进攻洛阳，封常清率军迎敌，在叛军骑兵的冲杀下大败而逃，叛军入占洛阳。高仙芝出关中援封，也被叛军击败，人马践踏，死伤无数，无奈退守潼关。叛军来势凶猛，临汝、弘农、济阴、濮阳、云中等郡投降，关中危急。在河北，平原太守颜真卿、常山太守颜杲卿兄弟相约阻击叛军；史思明领兵攻常山，颜杲卿昼夜拒战，终因粮尽无援，常山失守，颜杲卿一家30余人遇害。常山之战虽败，但却有效牵制了叛军攻打潼关的兵力。而安禄山这时又滞留东都，图谋称帝，唐王朝得以喘息，诸郡兵先后抵长安，加强了防御。

在潼关监高仙芝军的宦官边令诚因屡屡干涉军务被拒绝，恼羞成怒，便在玄宗面前诬陷高仙芝盗减军粮，封常清贪生怕死。昏聩的玄宗听信谗言，不作详细调查，就斩杀了二将，令陇右节度使哥舒翰出任兵马副元帅，领兵8万到潼关御敌。756年1月，安禄山在洛阳称大燕皇帝，其次子安庆绪领军攻潼关，被哥舒翰击退；此时唐朔方节度使郭子仪击败进攻振武的叛将高秀岩，收复了静边军，破叛将薛忠义，进围云中，又袭占马邑，开东陉关。唐真源令张巡与贾贲率2000余人，在雍正大败叛将令狐潮的4万大军；唐将李光弼也收复常山，又与郭子仪在九门、嘉山一带大败史思明，歼敌数万；唐军进围博陵，河北十余郡望王师捷报频传，于是纷纷归附，叛军后路断绝，军心动摇。安禄山四面受敌，欲弃攻潼关，退出东京，还保老巢。

玄宗见形势一片大好，便督促坚守潼关的哥舒翰向叛军发起反攻以一举歼之。哥舒翰分析战局后进言：叛军远来，后继不足，想以优势兵力速战速决；因此唐军宜以逸待劳，据险坚守，待时机成熟后再出击。但急于收

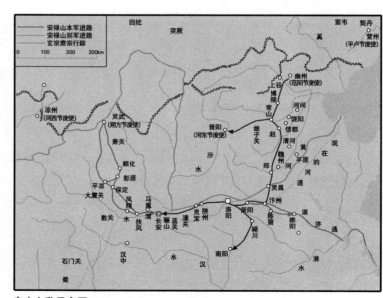

安史之乱示意图

杨贵妃墓，在今陕西兴平市马嵬坡。

复洛阳的玄宗根本听不进去，他屡促出击，哥舒翰只好率 20 万军出关进攻叛军。唐军在灵宝与叛将崔乾佑军相遇。崔事先设伏，诱唐军进入袋形包围圈后，居高临下投掷滚木礌石；又遣骑兵从南面绕至阵后猛击唐军。唐军大溃，有的逃匿于山谷，有的相挤坠入黄河，最后逃回关中的仅 8000 余人。叛军乘势夺取潼关，

哥舒翰被俘，长安已暴露无遗。玄宗听从杨国忠建议于 6 月 13 日率长安禁军西出"幸蜀"，行至马嵬驿，将士饥疲，怒杀了祸国殃民的杨国忠，并逼迫玄宗缢死了杨贵妃。是时，叛军已占领长安。

7 月，太子李亨在灵武即位，是为肃宗。他重用郭子仪、李光弼、张巡等忠良将领，继续平叛；757 年正月安禄山为其子安庆绪所杀，安庆绪命史思明、蔡希德围攻太原，李光弼率数千军民顽强抵抗，并屡用奇谋袭敌，终于取得了太原保卫战的胜利，歼敌 7 万余。睢阳的张巡更值得称赞，他率几千人与占尽优势的叛军前后 400 余战，杀死敌将 300 人，士兵 12 万，最后虽因兵穷粮尽，城破，张巡 36 人英勇就义，但有力地阻止了叛军南下，保证了江淮粮赋输入关中的道路畅通。

唐军于 757 年 9 月收复长安，又借回纥兵收复洛阳；759 年史思明杀安庆绪，又占洛阳，叛军势复振；761 年史思明为其子史朝义所杀，史朝义在洛阳北郊被李光弼、李抱玉夹击，大败，损失 8 万人，东逃河北。唐将仆固怀恩、仆固玚紧追不舍，史朝义部下纷纷降唐，叛军老巢范阳也被唐军占领，史朝义逃至温泉栅被迫自杀，历时 8 年的安史之乱遂平。

重大意义

唐将颜杲卿、张巡、郭子仪、李光弼等力阻叛军，不但消灭了敌军大量的有生力量，而且稳住了战局，为唐军战略反攻准备了条件。颜杲卿、张巡抗击叛军的事迹，惊天地泣鬼神，为人千古传颂。安史之乱使唐王朝由盛转衰，藩镇割据形成。

扫码获取更多资源

唐朝军制改革

TANG CHAO JUN ZHI GAIGE

——由府兵到募兵

陕西昭陵出土的两件唐代武士俑

改革时间
唐朝中期

历史背景

府兵始创于北周宇文泰，北周经此兵制改革，577年灭北齐，统一北方；后隋代北周，灭陈，统一中国，府兵发挥了积极作用。唐中期土地兼并严重，均田制破坏，府兵制也遭到破坏，募兵制取而代之。

精彩回放

唐朝初期的府兵制比隋朝更加完备。府兵是基本的常备军，平时隶属于皇帝12卫和皇太子东宫6率。每卫设大将军，平时负责管理府兵轮番宿卫诸事，战时经皇帝任命，率领从各府调集的府兵出征。尚书省的兵部主要负责武官的考核、任免、军队的编制、简点和轮番，以及图籍甲仗管理。

太宗时整顿府兵制，12卫各领40～60府，鹰扬府恢复骠骑府、车骑府，不久改为折冲府。府分三部：上府1200人，中府1000人，下府800人。全国府兵最多时约60万，主要分布于关中、河东南诸道，旨在"居重驭轻"，"举关中之众以临四方"。

折冲府为府兵的基本组织单位。每府置折冲都尉1人，左右果毅都尉各1人，长史、兵曹、别将各1人，下辖4至6团，团设校尉，辖2旅，旅辖2队，队设五火，队、火装备如马、马具和锸、斧、锯等，均有定数。府兵自用的武器、装具及粮食自备。平时在冬季训练。

朝廷握有府兵调遣指挥权。凡发兵10

唐西州营名籍

从新疆吐鲁番出土的这份名籍中，可以窥见唐王朝设西州都督府屯戍边疆的规模，也间接地反映了唐代军制改革的成果。

七军圆阵图

中军在中央，其他六军像六朵花在周围形成护卫，又名六花阵，为唐朝常用军阵阵势。

人以上，除紧急情况外，都要有尚书或门下省颁发的皇帝"敕书"和"铜鱼符"，折冲都尉勘契乃发。府兵每年需轮流到京师宿卫，称上番。府兵的来源主要从自耕农和地主中挑选，后来渐以贫苦农民充役。三年一征兵，一般21岁入役，61岁出军，实为终身服役。后来，征战益多，勋赏不兑现，社会地位下降，地主也渐恶当兵。特别是土地兼并严重，均田制破坏致军资无靠，府兵乃纷纷"亡散"。玄宗时下令将服役期改为25至40岁，六年一征兵，但未落实，以致折冲府无兵上番。749年被迫停止上番，折冲府名存实亡。

此时，募兵制逐渐兴盛。722年起，募兵充宿卫，后改为"骑"。724年，骑达12万，分隶12卫，每卫分6番，轮流上番服役。平时转调弓弩，免除赋税，一切资粮由官府供给。

骑多是被强迫入募，或逃亡而来应募的折冲府卫士，其重要变化是由尽义务变为受雇佣。骑自始就很衰弱，招募亦无定制，前后维持20余年。唐后期禁军一般是招募来的，历来骄惰怯弱，还受宦官控制，后期唐廷就靠禁军维持残局。募兵主要是唐政府为弥补兵源不足而采用的兵制，至开元年间，无论是京师宿卫、边境戍兵乃至地方武装，已基本为募兵所代替。戍守边防的士兵称健儿，因为长期服兵役，又称为"长从兵"、"长征健儿"，资粮均由官给，称为"官健"，成为由国家供养的职业军人。

地方上的军队主要有团结兵，亦称团练，官府给予身粮，免其征赋，主要任务是配合军队保卫边疆，团练由州刺史或节度使统辖。节度使始设于711年，各地节度使利用募兵制，成为割据一方的军阀势力，与中央分庭抗礼。

重大意义

壮大了节度使（藩镇）的军事力量，逐渐使唐中央朝廷失去对地方的控制权；促成藩镇割据、争斗，加速了唐王朝的崩溃。

军用皮革 唐

李愬夜袭蔡州
LI SU YE XI CAI ZHOU
——成功的奇袭战

交战双方：唐军和叛军
交战时间：817 年 10 月 10 日
将帅档案：李愬：字元直，中唐名将李晟之子，初为太子詹事，34 岁为平淮西主将
交战结果：淮西平定，吴元济投降

历史背景

安史之乱使唐王朝由盛转衰，朝廷权威下降，地方藩镇势力强大；父死子继，不服从中央委派，控制财、政、军权，形成割据。代宗、德宗朝都实行削藩以加强中央集权，但成效甚微；宪宗即位时，长安毗邻的淮西镇已割据 50 余年，严重威胁朝廷，宪宗决定征讨。

精彩回放

李愬像

814 年闰 8 月，淮西节度使吴少阳死，其子吴元济自领军务，并发兵四出侵掠。对淮西早有戒心的唐宪宗，遂于 10 月以严绶为招抚使，督诸道兵进讨。但严绶无能，被吴元济打败。宪宗以韩弘为将代之，但韩弘出于私心，想以贼自重，不愿淮西速平，以至损兵折将，让淮西军气焰更加嚣张。正当宪宗为淮西战事毫无进展犯愁之际，身为太子詹事的李愬挺身而出。宪宗龙颜大悦，让宰相裴度领军，李愬为先锋，进征淮西。

817 年 1 月李愬任唐、随、邓三州节度使后，他着手制定奇袭吴元济老巢蔡州的战略方案。他至唐州抚恤伤卒，假装自己懦弱以使淮西军松懈轻敌；在与叛军的几次交锋中，

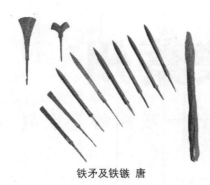

铁矛及铁镞 唐

他对俘捉的敌方兵将，皆以礼相待，不加侮辱，让他们感恩而愿死心塌地归顺，并详尽地把淮西的战备情况告诉李愬，使李愬知己知彼。有一次，唐军俘获了吴元济手下骁将丁士良，士兵们请求把他的心挖出以解众恨，但李愬见丁面无惧色，暗自叹服，令为其松绑，免其死罪；丁士良本以为必死，没想到李愬放了他，泪水顿时倾眶而出，给李愬跪下感谢并言愿以死报李之厚爱。李愬扶起他，任他为"捉生将"，又用其计擒住淮西又一骁将吴秀琳，并以礼相待，吴秀琳也感激不尽，愿报效朝廷。李愬发现吴秀琳部下有个叫李宪的，智勇双全，很是喜欢，便为其改名"忠义"，帐下留用。

不久李愬设计生擒了吴元济军中骨干李祐，此人精于谋略又勇武善战，之前屡败官军，令唐军损失惨重。唐营部将纷纷请求杀掉他，李愬为保护他，在派人押他入京时，密奏宪宗，请求赦免李祐以为己用，并强调若杀之则淮西难平；宪宗在李愬的苦求下赦免了李祐。李愬当即任他为"六院兵子使"，让他配刀出入大本营。李祐为李愬对己信赖有加而感激涕零，随即献计"雪夜袭蔡州"。李愬大喜。

817 年 10 月 10 日，大雪纷飞，寒风凛冽，这天下午，李愬突然号令三军紧急集合，以李祐、李忠义为先锋率 3000 人马东进，自己率主力跟进，唐州刺史田进诚引 3000 人殿后。部队东急行 60 里，袭占沿途要点，抵汝南张柴村后，李愬令丁士良领 500 人留守以断诸道桥梁；又遣兵 500 警戒朗山，然后向全军宣布此行目的是去蔡州捉拿吴元济。全军将士大惊失色，监军大哭："果落李祐奸计！"李愬不作理会，令三军继续前进。士兵们以为此行有去无还，但将令不敢违抗，只得前进。时"大风雪，旌旗裂，人马冻死者相望"，夜半，风雨更加肆虐，唐军在四点钟抵达了蔡州城下。蔡州自

王建《赠李愬仆射》诗中记叙了夜袭蔡州城时风雪交加、人马息声的行军场面。我们从这组唐骑兵蜡像可以想见当时的情景。

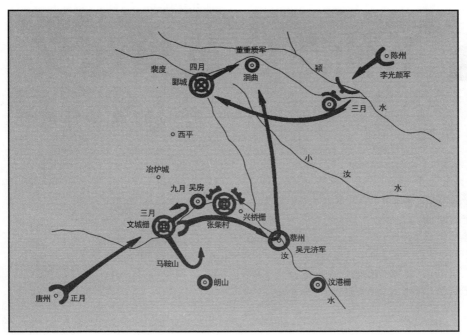

夜袭蔡州图

李希烈反唐以来，经吴少诚、吴少阳到吴元济，官军不至此地已30多年了，因此，吴元济毫无防备。李祐、李忠义首当其冲，率兵在城墙上掘坎而上，杀掉熟睡的门卒，只留更夫继续打更，城中像什么也没发生一样平静如常，官兵神不知鬼不觉地已进至内城。

鸡鸣时分，风雪稍停，李愬军已占据吴元济的外衙，这时敌人才发现情况异常，忙告于吴。吴元济此时还未睡醒，听到报告，不以为然，说：慌什么？这是俘虏抢东西罢了，等天亮时把他们全杀了就是了。稍后又有士兵报城已失守，吴仍不在意，说这一定是驻洄曲的士兵索取寒衣来了。及至听到李愬军中号令之声，吴才大惊，忙组织军队登牙城抵抗，但此时唐兵已全蜂涌入城，他哪能挡得住？无奈之下吴元济出城投降，李愬命把他解送长安，淮西遂平。

策略战术

出其不意，攻其不备；用贤不疑。

重大意义

沉重打击了安史以来的藩镇势力；使唐削藩取得空前胜利，国家又暂时统一。

王仙芝、黄巢起义

HUANG CHAO QI YI
——精彩的流动作战课

交战双方：唐朝军队和农民起义军
交战时间：875年5月~884年5月，历时9年
将帅档案：黄巢（？~884）：唐末农民战争领袖；曹州冤句（今山东曹县）人；稍通
　　　　书记，屡举进士不第，以贩私盐为业；善骑射击剑；曾攻破唐都长安，
　　　　建立农民政权"齐"，后战败自杀
交战结果：起义军被唐朝藩镇军队镇压

历史背景

　　唐朝后期，朝政腐败，地方上藩镇割据，为夺地盘连年争战，社会动乱，百姓苦不堪言。859年裘甫的浙东农民起义和868年庞勋的桂州戍卒起义重创了唐王朝统治。

　　僖宗即位后声色犬马，政治更加黑暗，阶级矛盾不断激化。

黄巢像

精彩回放

　　875年5月，濮州人王仙芝聚众数千在长垣起义，自称"天补平均大将军"。6月王仙芝击败唐天平军节度使薛崇的征剿，攻占濮州、曹州。曹州冤句人黄巢集数千农民响应。不到数月，义军威震山东，有数万人之众。

　　唐僖宗这时才从逍遥乡中清醒，他以平卢节度使宋威为招讨使，指挥河南诸道官军入山东平乱。7月，义军在沂州（今临沂）城下败于宋威，为保存实力，义军化整为零。宋威以为祸乱已平，便遣散诸军，自己撤回本镇；王仙芝乘机迅速集结起队伍，继续攻城拔寨。唐军闻讯又向沂州行进，王仙芝避实就虚，转攻下阳翟、郏城，进逼汝州。9月王仙芝攻占汝州，洛阳震动，唐廷企图封官加爵以降之，但在黄巢等部将的强烈抵制

下王仙芝不敢与唐军妥协，义军占领中原数州。在攻蕲州时，义军为战略需要决定兵分两路，王仙芝率 3000 入湖北，黄巢引 2000 北上山东。

唐廷不得不集中兵力对付王仙芝，878 年 1 月，唐曾元裕军在申州大败王仙芝，旋在黄梅（今属湖北）又斩俘义军 5 万余，王仙芝力战身死。余部由尚让率领北上亳州，

仙霞关

浙江江山市保安镇西南的仙霞关，向为入闽咽喉之地，周围百里山高谷深，黄巢起义军转战福建时曾于此刳山开路。

与黄巢军会师，黄巢被推为共主，建立政权，号冲天大将军。2 月义军北上袭占沂、濮二州，攻宋、汴二州，兵逼东都。唐廷下诏令曾元裕回师护卫，又发河阳、宣武、昭义、义成诸道兵驰援。

鉴于洛阳重兵设防，而江南自建唐以来驻兵很少，又是唐王朝财赋供应地，黄巢于是放弃攻打洛阳，突然转锋南下，会合了王仙芝余部，攻占江浙一带州县，

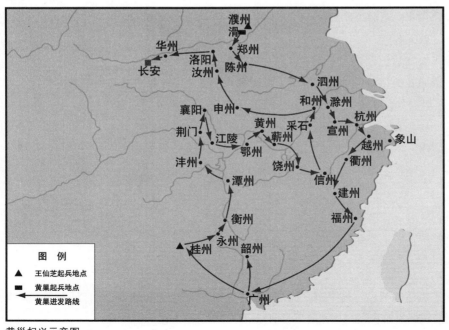

黄巢起义示意图

义军在江南蓬勃发展。唐廷派高骈任镇海节度使，
围剿黄巢军。黄巢继续避实就虚，在浙南拓出
一条 700 里山路，进入福建，12 月攻破福州。
879 年 5 月，黄巢率义军包围广州，朝廷授其
率府率之职，黄巢不作理会，9 月攻占广州，不久
占领岭南。

唐代铠甲

　　879 年 10 月，黄巢誓师北伐，率数十万义军
乘数千只大竹筏，顺湘江东下，连破永、衡等州，
又大败唐潭州李系军；尚让率数十万军攻占江陵，
旋渡江北趋襄阳，在荆门义军遭到唐刘巨容军伏击，
损失惨重，继续北上已十分困难。黄巢立即改变北取长安的计划，采取迂回战术，东攻鄂州，
旋破江汉十五州，军势复振。

　　880 年 4 ～ 5 月间，黄巢重创唐高骈军，占据安徽大部；7 月黄巢率 15 万大军自采
石强渡长江，围天长、六合，进抵淮河南岸。9 月，义军击溃唐曹全晸军，攻占潊水，
控制河南大部；11 月攻打东都，唐洛阳留守刘允章讧城出降。义军入城后秋毫无犯，人
民十分拥护。12 月，黄巢亲率大军西攻长安门户潼关，双方激战，义军一部正面进攻，
一部迂回自禁坑侧击唐军，唐军溃败，潼关制置使张承范只身逃亡。义军入关，又下华州，
宦官田令孜带 500 神策兵护卫僖宗出长安逃往四川；黄巢进入长安，12 月 13 日即皇帝位，
国号大齐，改元金统。

　　黄巢入长安后，以为天下唾手可得，只顾大封百官，开庆功宴，这给了唐王朝喘息
机会。唐僖宗在蜀诏令各地藩镇勤王平乱，凤翔节度使郑畋秘密联络周围各道共讨大齐
政权。881 年二月，郑畋在龙尾陂击败义军，唐军乘胜在西北方向包围长安；882 年 9 月
朱温叛变降唐，义军东面屏障丧失，处境更加艰难；12 月，沙陀贵族李克用率 4 万"鸦
儿军"至同州，883 年，在沙苑等地几败义军并攻入长安。黄巢被迫撤出长安向东转移，
五月在陈州又牺牲孟楷，884 年，黄巢军在唐军紧追下在泰山狼虎谷全部阵亡。

策略战术
避强就弱，保存实力；争取民心。

重大意义
　　加速了唐朝的覆亡；是中国古代首次高举"平均"旗号的农民起义，标志着农民战
争进入新阶段；没有稳固根据地给后世农民战争以深刻教训。

北宋统一战

——先南后北的宏大战略

交战双方：宋朝军队和各割据势力

交战时间：963 ～ 979 年

将帅档案：赵匡胤(927 ～ 976)：宋朝开国君主，涿州人；后周时授殿前都点检，领宋州归德军节度使；960 年他发动陈桥兵变称帝；卓越的军事统帅。赵匡义 (939 ～ 997)：赵匡胤之弟，即宋太宗；976 年太祖赵匡胤死，即位后继续推行统战，降服吴越、闽，979 年灭北汉，基本统一中国

交战结果：北宋统一中国主要地区

历史背景

唐末五代十国，各军阀为地盘而长年混战不休，人民饱受灾祸之苦，生产经济遭到严重破坏，外族如契丹、夏、吐蕃趁机蚕食中原土地。周世宗柴荣雄才大略，励精图治，使后周具备了统一条件，赵匡胤建宋后更致力于统一。

精彩回放

960 年，北宋王朝建立，英武有为的宋太祖开始了消灭藩镇割据、统一中国的步骤。他选择良将，屯重兵于北边要塞以防患党项、契丹和北汉，而后才挥军南下，进击南方各割据势力。

962 年 9 月，武平统治者周行逢病死，11 岁的幼子周保权继位，衡州刺史张文表趁机发动兵变，进逼朗州。周保权一面派兵征讨，一面向宋朝求救。赵匡胤早就对武平垂涎三尺，遂一口应允；11 月南平国主高保勖也病死，侄高继冲继位。赵匡胤想出一个一箭双雕的计谋，他向高继冲提议借道以救武平。南平很多臣将主张拒绝宋朝，指出赵匡胤欲重演假道伐

填壕车模型 北宋

这是用来填埋城墙周围护城壕所使用的一种装甲车。填壕时，把填壕物投入壕内，把城壕填平，以便军队进攻。

陈桥兵变遗址
今河南省封丘陈桥镇，为宋太祖黄袍加身处。

號；但高继冲畏惧宋势，遂答应了。963 年 2 月，宋军进屯襄阳，派人告知南平为宋军准备给养。这时，高继冲遣使以犒师为名来探察虚实，宋将慕容延钊明白，他亲自迎接南平使者，并盛情设宴款待之，暗地里却派部将李处耘率军乘夜向江陵急行。高继冲因延钊厚待他的使者，正欲回请延钊以尽地主之谊，不料李处耘军已入城并占领各处要地，无奈，只得向宋军投降。

慕容延钊又征调南平万余人，与宋军合兵一处进击武平。这时，周保权已平定张文表叛乱，闻宋军至，忙组织军队部署抵抗。慕容延钊挟灭南平之余威，水陆两路并进：水师向岳州，陆路则出澧州，直趋朗州。宋水路军于 963 年 2 月末在三江口（岳阳北）大破武平军，陆路军则在 3 月初败武平军于澧州南，进而攻占朗州，生俘周保权，南平、武平皆亡，湖南平定。

宋朝控制荆、湖，切断了后蜀与南唐两大割据势力的联系，并使后蜀东北两面暴露在宋面前。于是太祖下诏伐蜀，并勘察了两川地形，加练水军，准备水陆双管齐下。蜀主孟昶纳王昭远策，遣大将赵崇韬率 3 万兵自成都北上，扼守广元、剑门等险隘，韩保贞、李进率部数万驻兴元以为配合。964 年 11 月 2 日，宋将王全斌、崔彦进等率步骑 3 万出凤州，自嘉陵江南下；曹彬、刘光义率步骑 2 万出归州，溯江西上直逼成都。12 月中旬，王全斌军连克蜀兴州、兴元，势如破竹，在勉县又击败韩保贞，乘胜追击，俘韩保贞、李进，旋越过三泉直抵嘉川，蜀军烧绝栈道，退保葭萌（今四川昭化）。此时，屯驻利州的赵崇韬重兵镇守小漫天寨，而栈道又为蜀军烧断，宋军遭遇瓶颈。王全斌遂率主力迂回向罗川小路，由崔彦进率军一部赶修栈道。宋军前后包抄，终于攻克小漫天寨，蜀军退保大漫天寨。王全斌分兵三路夹攻大漫天寨，连战连捷，于 12 月 30 日占领利州，蜀军退保剑门。宋北路军自利州进占葭萌，直趋剑门。王全斌以一部军抄剑门东南来苏小路，绕至剑门之南断敌后路，自率精锐从正面进攻。宋军两面夹击，旋克剑门，蜀军闻风而溃，宋军乘胜进击，攻占剑阁。

东路曹彬、刘兴义也进展顺利，12 月下旬攻入巫峡，夺取夔州浮梁，又击破夔州守军，占领夔州，打开了由长江入蜀的大门。宋军自夔州沿江西上，所向披靡。965年1月初，北路宋军直抵成都城下，几天后，东路曹彬、刘兴义军也抵达。1月7日，蜀主孟昶见大势已去，出降。

970年9月，赵匡胤派潘美率10州兵绕开五岭主要险道直逼南汉贺州，旨在从南汉中部突入，诱歼敌军，稳定翼侧，直捣汉都兴王府（今广州）。9月15日，宋军包围贺州，汉王刘鋹派伍彦柔率舟师溯贺水西援，宋军设伏大破南汉援军，乘胜克贺州。此时，宋军东西两面皆有南汉军，潘美怕孤军南下兴王府，会受到左右汉军夹击，于是扬言要直取兴王府。刘鋹派老将潘崇彻率军5万到贺江口封堵，潘崇彻抵贺江口后，畏宋军势大，只观望不出击。潘美见南汉军逗留不进，遂挥师西上，连克昭、桂、富州，11月又东向攻取了连州，后顾之忧得以解除，两翼得以稳定。潘美乘胜进击李承渥驻守的韶州，大破汉军10万余，占领韶州。此时，贺江口的潘崇彻见汉亡已成定局，遂举5万人降宋。

汉军在北域的非败即降，令南汉举国震恐。刘鋹令加固兴王府城池，并遣郭崇岳领6万屯马迳（广州北），列栅守卫都城。宋军兵抵马迳，刘鋹遣使求和，但不久又反悔，于971年2月1日，遣其弟刘保兴率军增援郭崇岳。2月初4夜，潘美用火攻大破南汉军，郭崇岳战死，刘保兴逃归兴王府。宋军乘胜追击至兴王府城下。2月初5，刘鋹降，宋军进入兴王府，南汉亡。至此，南唐处于宋三面包围之中。

南唐后主李煜见宋攻势如潮，为求苟安，他上表赵匡胤表示臣服，并主动削去国号，同时加强练兵，以作防御。太祖阅表后说："卧榻之侧，岂容他人酣睡？"即遣使令李煜入朝，李煜推病固辞。太祖大恼，积极备战。974年10月，太祖以曹彬为统帅，发兵进攻南唐；并联络吴越王钱俶，让其协助攻唐。

10月18日，曹彬率师沿长江顺流东下，南岸唐军以为宋军是例行巡河，未加阻止，于是宋军顺利通过唐10万兵屯守的湖口。10月24日，宋军突然渡过长江，水陆并进，直趋池州；在石碑口（今安徽安庆西）把巨舰大船连接起来，依采石矶一带江面宽度试搭浮桥成功，于是东进并攻占采石。11月中旬宋军将预制浮桥移至采石，潘美率宋军主力借此过江，连下金陵外围据点，并在秦淮河大破唐水陆军10万，形成对金陵的包围。李煜又派朱令赟率军10万救急，但在皖口遭宋将王明阻击；朱以火攻王明军，但因风向改变，反烧己军，宋军乘势猛攻，全歼这股援军。此时金陵已被围九个多月，曹彬再三致书李煜，均为这位词人国主拒绝。11月27日，宋军发起总攻，金陵城终破，李煜知败局不可挽回，只好投降，南唐遂亡。

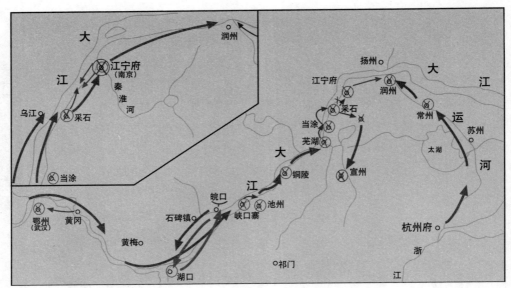

宋灭南唐之战要图

　　割据漳州和泉州的陈洪进见宋把南唐都灭了，十分惶恐，他深知唇亡齿寒的道理，遂于977年8月到汴梁入朝，此时，太祖赵匡胤已死，弟光义继位，太宗赵光义留下了他，并不遣还。978年4月，陈洪进为大势所趋，上表献漳、泉二州。

　　陈洪进将所辖二州献宋，曾协助宋攻灭南唐的吴越王钱俶也知道自己的王位保不住了，无奈只好于978年5月上表献所辖十三州一郡的土地；吴越得以和平解决。至此，南方全部统一。

　　太祖曾于968年、969年、976年三次进攻割据太原的北汉，均因辽军支援北汉而不得成功。979年正月，太宗大举攻伐北汉，他派郭进率军在太原北石岭关屯驻阻击辽军，自领大军进攻太原。宋军连克孟沁、汾岚后包围太原，南下援汉的辽军被郭进军以骑兵击溃北逃，太宗亲临太原城下督战；北汉刘继元在外无援兵、内无斗志的情况下于5月初6出降。

策略战术
迂回包抄，围城打援，集中优势兵力。

重大意义
结束了唐中叶安史之乱以来的藩镇割据和五代十国分裂局面；加强了南北经济、文化的交流。

杯酒释兵权

——高度集中的军权

时　间：	961年7月9日
档　案：	赵匡胤(927～976)：北宋开国皇帝，宋太祖，曾任后周宋州节度使、殿前都点检；周世宗死后，960年发动陈桥兵变当上皇帝，进行统一战争
结　果：	加强了皇帝专制和中央对地方的控制

历史背景

唐末五代，政权频繁更替，握有重兵的节度使经常推翻中央，建立新朝，地方对抗中央，致使天下争战不息，民不聊生。宋太祖被部下黄袍加身建立宋朝后，巩固政权，加强中央集权，使国家长期安定成为太祖首要解决的问题。

精彩回放

961年7月9日晚朝时，太祖赵匡胤把石守信、王审琦等禁军高级将领留下来喝酒。酒兴正浓时，太祖屏退左右侍从，长叹一口气，对在座诸将说："我如果不是靠诸位出力和拥护，

宋太祖像

赵匡胤，宋朝开国皇帝，出身行伍却力行限制武人政策，以矫正藩镇割据局面。

是不可能坐上皇帝位子的；但当皇帝有当皇帝的苦衷，远没有当节度使快乐，为此我整个晚上都不能安枕而卧呀！"石守信等人忙问其故，太祖说："我这皇帝宝座谁不想要啊？"诸将听得这话中有话，连忙离席下跪说："陛下何出此言？现天命已定，谁还敢有异心呢？"太祖说："我知道，你们都是和我出生入死的好兄弟，不会有异心；但如果有一天，你们的部下贪图富贵荣耀，把黄袍披在你的身上，到那时，即使你不想当皇帝，也由不得你自己了。"

太祖的话软中带硬，石守信等知道已受到猜忌，可能招致杀身之祸，于是跪请皇上

更戍图 北宋

北宋为防止军事将领专权，实行兵无常帅、帅无常师的更戍法。更戍法在加强皇权的同时也大大削弱了军队的战斗力。

条"生路"。太祖见有了效果，便说道："人生在世，如白驹过隙，想要的无非是荣华富贵，并使子孙后代免于贫穷而已。你们现在都已功成名就，不如放弃兵权，到地方去，多置良田美宅，泽被后世；再买些歌伎舞女，朝夕欢娱，以终天年；朕再同你们结为婚姻亲家，君臣从此两不猜疑，这不是很好吗？"石守信等人见太祖话已说得很明白，而当时中央禁军已牢牢掌控在太祖手中，他们不同意也没有办法，为了保全身家性命，诸将叩头齐呼皇上恩德，表示愿意听从劝告。

第二天，石守信、王审琦、高怀德、赵彦徽、张令铎等禁军重要将领统统上表，声称自己有疾，要求解除兵权。太祖恩准，罢去他们的职务，派到地方上当已无实权的节度使，并废除了殿前都点检，禁军分别由三衙统领。石守信等人走后，太祖选一些声望不高但听话的人当禁军将领。这就是历史上有名的"杯酒释兵权"。

皇帝对军权的控制加强后，宋太祖又进行了一系列军事改革以巩固皇权：

第一，建立不同于前朝的枢密院制度，长官为枢密使和枢密副使，主管调动全国军队。枢密院和三衙各有所司：三衙虽掌握禁军，但没有调兵权；枢密院有调兵权，但不直掌禁军。

第二，内外相维政策。太祖把军队一分为二，一半屯驻京城，一半戍守各地，内外军队势均力敌，能互相制约，避免变乱发生。

第三，兵将分离制度。无论中央还是地方军队，都必须定期调动，轮流驻防；借经常换防使兵无常帅，帅无常军，兵不识将，将不知兵，将没时间在兵中树立声望，也就不能率兵对抗中央了。

对地方藩镇采取"强干弱枝"的方法：

第一，削夺节度使职权。节度使驻地以外兼领的州郡——支郡直属京师，同时由中央派文官出任知州、知县，3 年一换，直接对中央负责，不受节度使节制，又设通判分知州之权。

宋军官铜印

宋太宗时"神卫左第四军第二指挥第五都记"铜印。这是中央加强军队控制后武官的身阶标志之一种。

第二，制其钱谷。设置转运使，州县财赋除少量应付日常经费外，其余全部由转运使上交中央。

第三，收其精兵。太祖把各州藩镇军队中骁勇的人，都选到中央补入禁军；又选壮士作为"兵样"，送到各路，招募符合"兵样"标准的人加以训练，然后送到京师当禁军。这样，精兵集于中央，地方军力根本不足以对朝廷构成威胁。

重大意义

加强了专制中央集权，使统一的局面长期得以维持；为经济发展创造了便利条件；但也造成"冗兵"、"冗费"的危机；兵不知将，将不识兵，使北宋军队战斗力不强，在与辽、夏、金的对抗中胜少负多，长期受压制；使宋王朝长期处于积贫积弱的局势中。

武学

北宋庆历三年（1043年），中国历史上有了第一所军事学校——武学，置教授，习诸家兵法及历代用兵方略。这是军权高度集中的衍生物，也是养兵制向科学化迈进的开端。

HUI ZHAN 会战幽州
YOU ZHOU
——兵将互制的第一杯苦酒

交战双方: 宋军和辽军

交战时间: 979 年,986 年

将帅档案: 杨业 (? ~ 986):北宋将领,太原人,又名继业;初为北汉大将,以骁勇著称,北汉亡后归宋,任右领军卫大将军;在宋辽战争中,屡立战功;986 年因主帅潘美失约,战败,不屈而死

投入兵力: 宋军 15 万,辽军约 10 万

交战结果: 宋军战败,收复十六州宣告破产

历史背景

后晋高祖石敬瑭为感谢契丹助其灭后唐,入主中原,把幽云十六州割给契丹并自称"儿皇帝"。979 年宋灭北汉,以幽云十六州为基地屡扰宋边的辽(契丹)国成了宋王朝北面最大的边患。宋太宗积极部署,欲收回幽云十六州。

精彩回放

979 年 6 月,灭掉北汉的宋太宗踌躇满志,欲北上一举收复幽云十六州。宋太宗亲率大军 10 万出镇州(今河北正定)北进,突破了辽军在拒马河

三弓床弩 北宋
此器杀伤力很大,标志着古代冷兵器已发展到相当高的水平。

的阻截,进围幽州,击败城北辽军 1 万余。26 日,太宗命宋偓、崔彦进等四将率军分四面攻城。辽韩德让和耶律学古一面安抚军民,一面据城固守待援。屯驻清沙河(今北京昌平境内)北的辽将耶律斜轸因宋军势大而不敢冒进,只声援城内辽军。6 月 29 日,以耶律沙和耶律休哥为统帅的辽援军赶到,尽管宋军一度登上城垣,但终未能攻入城内,被迫撤退。

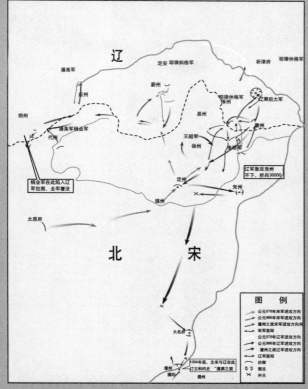

宋辽战争示意图

7月6日，宋辽两军在高梁河大战。辽军初战不利，稍却。耶律斜轸和耶律休哥及时赶到，分左右横击宋军，城内辽军也杀出参战，宋军大败，赵光义中箭受伤。辽军乘胜反攻，追至涿州，宋军大量军械资粮落入辽军之手，宋朝第一次幽州会战宣告失败。

高梁河落败后，宋辽平静了几年，但宋太宗积极筹划二度北伐，以雪前耻。982年辽景宗去世，耶律隆绪继位，是为圣宗，因年幼，其母萧太后摄政。宋雄州守将贺令图以辽帝年幼、内部不稳，建议太宗再攻幽州，太宗心动。参知政事李至以粮草、军械缺乏，准备不充分而反对，但太宗不听，于986年3月发兵三路攻辽。东路曹彬10万人出雄州，中路田重进出飞狐（今河北涞源），西路潘美、杨业出雁门，三路合围幽州。

宋西路军很快攻下寰、朔、云、应等州，中路攻占灵丘、蔚州等战略要地，东路夺占固安、涿州。辽国获悉宋军北伐，即派耶律抹只率军为先锋，驰援幽州，萧太后偕圣宗随后亲往督战。辽军意图是以南京留守耶律休哥抵御宋东路军，耶律斜轸抵制宋西路和中路军，而圣宗、太后率大军进驻幽州，以重兵击溃宋东路，再击退西、中路。由于辽军主攻点不在西、中路，故宋中、西两路捷报频传，东路宋军将士纷纷主动请战，促主帅曹彬北上。曹彬难抑众愿，遂率军北进，一路不断遭到辽军袭扰。时值夏季，天气酷热，宋军体力消耗很大，抵达涿州时，东路军上下均已疲惫不堪。

此时辽圣宗和萧太后所部辽军已从幽州北郊进至涿州东50里的驼罗口，攻占固安，而与曹彬对峙的是辽悍将耶律休哥，他正虎视眈眈，欲伺机攻击宋军。

曹彬鉴于敌主力当前，难以固守拒战，而己军又面临粮草将尽的形势，令军队向西南撤退。辽耶律抹只和耶律休哥见时机已到，即令辽军追击宋军。5月3日，宋军在歧沟关被辽军赶上，困乏的宋军抵挡不住锐气正盛的辽军，大败。辽军追至拒马河，宋军四散奔逃，溃不成军，死伤数万，所遗弃的兵甲不计其数。

北宋胄甲穿戴复原图

宋太宗得知东路军惨败，遂令中路军回驻定州，西路军退回代州，并以田重进、张永德等沉稳持重的将领知诸州，以御辽可能发起的进攻。东路宋军已遭重创，而西路战事仍在进行。8月宋西路主帅潘美、监军王侁拒绝副帅杨业的合理建议，迫令其往朔州接应南撤的居民，杨业要求在陈家谷设伏以防御辽军追击；杨业与辽西路主帅耶律斜轸在朔州南激战，因遭辽萧挞览军伏击而败退。杨业按预定计划退到陈家谷，本以为此地有宋军埋伏将截击辽军，哪料潘美、王侁违约，早已率军逃走；杨业愤慨自己被出卖，但仍率孤军力战，终因势单力薄全军覆没。杨业身负重伤后被俘，绝食而死。

北宋朝廷发起的旨在收回幽云十六州的幽州之战，因自身的种种原因以惨败结束。

策略战术
宋：攻坚战术，双管齐下，分散敌兵力。

辽：集中兵力，各个击破；以逸待劳，伺机反击。

重大意义
体现了北宋军制"兵不知将，将不知兵"弊病及战斗力不强、效率不高的弱点；也预示了宋王朝长期被北方外族（辽、夏、金、元）压制下的国家处境。

JI ZHAN HE
激战和尚原
SHANG YUAN
——吴玠的阵地战

交战双方：宋军和金军

交战时间：1131 年

将帅档案：兀术 (? ～ 1148)：即完颜宗弼，阿骨打四子，金朝名将，女真族，有胆略，善射；因功封沈王、梁王、越国王，拜太师、太傅、都元帅。吴玠 (1093 ～ 1139)：字晋卿，南宋抗金名将，官至四川宣抚使；沉毅知兵，勇谋兼备；德顺军 (今宁夏隆德) 人；宋川陕战区抗金统帅

历史背景

1127 年，金军攻入北宋都城汴梁 (今开封)，俘徽、钦二帝，宣告了北宋的覆亡；北宋灭亡之后康王赵构在南京应天府 (河南商丘) 即位，南宋王朝建立。北方大部沦陷，宋朝军民纷纷起来抗击金人的南掠。

精彩回放

宋军富平之战失败后，秦凤路经略使吴玠与其弟吴璘奉张浚之命，收集几千散兵退保大散关东面的和尚原，以御金军。

和尚原是从渭水流域越秦岭进入汉中地区的重要关隘之一，当属川陕首要门户，位于宝鸡西南 20 公里，其地势之险要与大散关不相上下，是由陕入川的第一条天堑，与仙人关分扼蜀之险要。吴玠在此固守，使金军入川而后顺江东

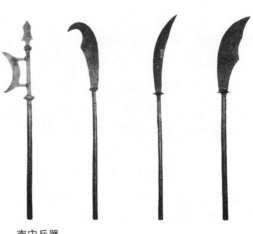

南宋兵器

大散关

在今陕西宝鸡西南。吴玠曾在此抗金兵以保卫四川。陆游诗句"楼船夜雪瓜州渡，铁马秋风大散关"，更是让人顿生万丈豪情。

下取宋遇到最大障碍。

金将完颜宗弼（兀术）一心想打开通往汉中的门户，以建不世奇功，于是决定攻打和尚原，消灭吴玠的宋军。1131年5月，金完颜没立率部自凤翔（辖境相当今陕西宝鸡、岐山、凤翔、麟游、扶风等地）攻和尚原正面，又遣部将乌鲁、折合自阶州（今甘肃武都东南）、成（今甘肃成县）迂回到和尚原背面，企图前后夹击以夺取和尚原。乌鲁、折合二将先期到达原北；三日后，没立军也抵原前的箭筈关（今陕西甘阳南），开始攻关。宋军处境十分危急。

吴玠的军事才能与"中兴四大名将"相比不遑多让，他审时度势，沉着冷静，命诸将列成阵势，利用和尚原的有利地势，据险固守。他遣兵以"车轮战"轮番出击金军，消耗敌人有生力量。乌鲁、折合历尽艰险，绕到原后，还未休整，就遭到吴玠军的迎头冲击。他俩集中兵力把宋军逼退，正追赶间却不防从退军阵后杀出一拨生力军，对他们猛冲猛砍；当他们再集结兵力追赶时，宋军又退回去了。如此来回几次，金军进不敢进，追不敢追，生怕陷入重围；退又劳而无功，无法向主帅兀术交代，两路金军始终不能会合。

原前的金军主力也是一筹莫展，宋军坚守不出，金军攻城却因城池险峻，宋军又同仇敌忾，士气高昂，久攻而不下，金军损失惨重。完颜没立想用灭辽灭（北）宋战争中赖以为重的骑兵，但和尚原如此凶险，路多窄，怪石壁立，骑兵威力施展不开。金军开始士气低落，无心恋战；吴玠看到金军悲观厌战情绪露在脸上，便亲引精锐士卒从营中杀出，直扑金军。疲惫又战备松弛的金兵怎经受得住这番冲击？一溃不可收。退到黄牛一带的金军，立足未稳，又遭遇大风雨，战意全无，只思北返。兀术还希望攻下箭筈关以作为与和尚原宋军对峙交战的基地，但吴玠部将杨政击碎了他的这一美梦，金军无奈只得退兵。

金军初战和尚原的惨败令金国朝野震动，金朝诸军事将领商议定要擒获吴玠，金元帅左都监兀术（完颜宗弼）决定亲攻川蜀。10月，兀术率军10万，架设浮桥，跨过渭水，从宝鸡结起连珠营，垒石为城，与坚守秦岭要隘的吴玠军夹涧对峙。宋军有人慑于兀术10万精兵的浩大声势，主张弃城逃走，认为以几千人抵10万军无异于以卵击石。但吴玠说，兵不在多，而在出奇制胜，我军一撤，四川屏障丧失，金人势必长驱入川，我朝就更危险了。

吴玠以精兵强弩阻击金军，兀术军冲锋时，宋军立马箭如雨下，金军被击退，攻势缓了下来；吴玠又与秦岭义军相配合，又派杨政、郭浩率一部军迂回到金军侧后并截断其粮道。一切就绪后吴玠下令对金军发起总攻，金军粮道被切，军心动摇，再遭宋军前后夹击，苦战三日后大败。吴玠乘胜追击，在神坌一地再次设伏，大破金军，金军终于一溃千里，被俘万余，兀术中箭逃走。

策略战术
彼竭我盈进击之，迂回包抄。

重大意义
宋金和尚原之战，体现了守御战中奇兵出击的配合作用；使金军遭遇侵宋以来第一次惨败，振奋了南宋军民抗金的精神。

武官俑 宋

军事知识

仙人关之战

1134年（金天会十二年，南宋绍兴四年），在川陕之战中，宋军与金军在仙人关（今甘肃徽县东南）进行的一次要隘攻防战，是南宋十三处战功之一。

1133年（绍兴三年）12月，金元帅左督监完颜宗弼率军进攻和尚原，宋吴玠军退守阶州（今甘肃武都东南），金军乘势由宝鸡直趋仙人关。吴玠料金军必将深入，遂在关右侧筑垒，称"杀金坪"，并在地势险要处筑隘，设置第二道防线，严兵以待。四年二月，完颜宗弼与陕西经略使完颜杲、伪齐四川招抚使刘夔率骑兵10万，大举进攻仙人关。吴玠率万余人与金军激战数日，终因力不及彼，退守第二道防线。金军人披重甲，铁钩相连，鱼贯而上，吴玠与其弟吴璘督军死战，以劲弓强弩大量杀伤金军。金军攻势不减。吴玠派部将杨政率精兵锐卒，持长刀、大斧攻金军左右翼。三月初一夜，宋军燃火四山，战鼓动地，出兵反击，并派王喜、王武诸将攻入金营。金军惊溃，金将韩常被射伤，遂引兵逃遁。吴玠乘势扩大战果，派张彦等将劫横山寨，杀敌千余人；又命王俊于河池（今甘肃徽县）设伏兵，再攻金军。金军被迫退回凤翔府。

郾城、颍昌大捷

——重装甲马的衰亡

交战双方：宋军和金军

交战时间：1140 年 7 月间

将帅档案：岳飞 (1103 ～ 1142)：字鹏举，相州汤阴人，南宋抗金名将；卓越的军事家、战略家；初从王彦、宗泽，后累建战功，被任为神武副军统制，所部后改神武后军；又在与伪齐及金的战争中屡建奇功，升镇节度使、都统、宣抚副使；镇压杨么起义后加少保，开国公，招讨使，太尉；屡败金兀术军，后因主战被投降派秦桧以"莫须有"谋反罪迫害致死；孝宗时沉冤得以昭雪，追谥武穆

投入兵力：金军：前后 10 多万；宋：7 万余人

使用兵器：金军：铁骑兵，拐子马；宋军：麻扎刀、提刀、大斧，骑兵

交战结果：宋军大胜

岳飞像

历史背景

　　1140 年 5 月，金国发生政变，兀术掌控朝政，金兀术撕毁了上一年金宋签订的和约，发兵分三路攻宋，在陕西、汴洛、山东得手后又染指淮西。顺昌一战金军为刘锜打败，攻势受挫，岳飞趁这有利之势挥军北上，反攻中原，并联合北方各地义军收复了不少疆土。

精彩回放

　　1140 年夏，宋岳飞、韩世忠、张浚诸军齐头北上，遥相呼应，直插金军腹地。北方太行山等地义军也积极袭扰金军后方，接应宋军北进，中原故土有望一举收复。但一向避战求苟安、对收复中原消极冷

漠的宋高宗赵构却横加阻挠，命令"兵不可轻动，宜班师"。岳飞不愿良机失去，遂继续北进；6月20日，张宪部克复颍昌，24日再下东州，次日杨成部攻夺郑州；7月2日，张应、韩清攻占洛阳。河南大部尽为岳飞收复，为了诱金军南下决战，岳飞把主力集结在颍昌，而自率轻骑在郾城驻守。

兀术见岳飞孤军深入，觉得有机可乘，遂抢先对其发起攻击。7月8日，在顺昌受创的金军经过一个多月的休整后，倾巢出动。兀术以为岳家军主力在颍昌，总部必然空虚，遂率军直扑郾城，这正合岳飞引金人决战的意图。在兀术1.5万余骑兵气势汹汹压向自己的时候，岳飞即命岳云出战，"必胜而后返"。岳家军每人持麻扎刀、提刀和大斧三样兵器，入阵后"上砍敌人，下砍马足"。岳云、杨再兴等率兵猛杀疾砍，金军死伤惨重。杨再兴身先士卒，单骑直入敌阵，欲生擒兀术，但兀术早已逃之夭夭了；杨再兴身受多处刀伤，仍奋勇杀回本营。金军在岳家军的凶猛攻势下，抵挡不住，逃往临颍。此战使兀术引以为傲的铁骑兵和拐子马遭到毁灭性的打击，他喟叹道："自海上起兵，皆以此胜，今已矣！"经过半天激战，宋军大获全胜。

兀术仍不死心，10日，增兵郾城北五里店，准备再战。岳飞也率军马出城，他派背嵬军将官王刚带领50骑，前去侦察敌情。王刚突入敌阵，轻取敌军裨将，岳飞见状，乘势挥骑兵进击，宋军左右驰射，挡住了金军骑兵，打乱了敌人步兵阵形，兀术军再遭败绩，被迫再度后撤。

兀术岂能咽下二次战败这口气？又集结了号称12万的兵力，进至颍昌和郾城之间的临颍，妄图切断王贵与岳飞两军的联系。7月13日，张宪奉岳飞命率由亲卫军、游奕军、前军和其他军组成的雄武兵力，进抵临颍，决战金军。杨再兴率300骑兵为先锋，当抵达临颍南的小商桥时，突遇兀术大军。兀术趁宋军主力未抵达，指挥军队包抄围攻杨再兴。杨再兴在众寡悬殊的劣势下毫无惧色，率部英勇作战，300骑兵和他本人全部战死；而金军损失更重，光被杀的就有2000多人。14日，张宪率军赶到，兀术因军士疲劳，不能再战，遂留下部分兵力，自己引主力退走，短暂休整后，金军转攻颍昌。

铁镞 金

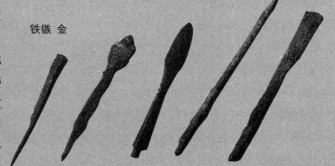

岳飞令岳云火速驰援颍昌王贵，兀术率3万骑兵、10万步兵进攻颍昌；王贵以少量兵力守城，自己与姚政、岳

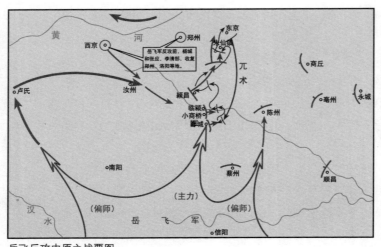

岳飞反攻中原之战要图

云等率中军、游奕军、亲卫军出城决战。岳云引800名亲卫军骑士首当其冲，宋军步兵也列阵跟进，掩护骑军，搏战金军拐子马。双方格斗异常激烈，战过多时，依然未见胜负，王贵有些气馁，年轻而有胆略的岳云制止了他的动摇。岳云在敌阵中浴血驰骋，身受百余处创伤；双方人马也杀成血人血马。这时，城中董先、胡清见宋金僵持不下，遂率守城宋军杀出城增援，终于扭转战局。金军溃退，5000人被杀，2000人被俘，3000余马也落入宋军手中。岳飞乘胜追击金军，在距开封20多公里的朱仙镇再败金军，宋军取得重大胜利。

策略战术

岳家军：诱敌主动进攻，伺隙破敌；集中岳力，趁敌布好阵前突施掩杀，不让敌骑有发挥空间；审时度势，果断出击。

金军：分割敌人，拟各个击破。

重大意义

宋军重创金军，巩固了刚收复的失土；将战略主动权掌握在自己手中，开创了抗金以来收复中原的最好形势；根据敌兵装备特点制造克敌工具，创造破敌战术。

郾城大捷（彩画）

黄海奔袭战
——火药、火器的第一次大规模应用

交战双方： 宋海军和金海军
交战时间： 1161 年
将帅档案： 李宝：南宋水军名将，山东菏泽人；出身农家；1139 年在濮州聚众抗
　　　　　　　金，配合岳飞多次袭击金军，因功封沿海御前水军都统制
投入兵力： 宋：3000 人；金：7 万
交战结果： 一举全歼金军舟师

历史背景

　　南宋投降派对金一味委曲求全，甚至杀害抗金名将岳飞以投金所好，但金并不以宋称臣纳贡为满足。1149 年，金海陵王完颜亮杀金熙宋自立，为转移国内不满情绪，也为强烈占有欲所驱使，他再次挑起了时隔不到十年的宋金战争。

精彩回放

　　1153 年，金帝完颜亮迁都燕京（今北京），同时修造战船，大规模征兵，准备对宋发动战争。一切就绪后，完颜亮派人向南宋强行索取土地，不断挑衅。金国的贪婪和无理制造事端激起了南宋朝野极大的愤慨，在广大军民一致要求抗金的压力下，宋高宗对金说"不"。完颜亮见一向顺从的赵构居然拒绝出让土地，大怒，他命拉出已被囚 26 年

铁蒺藜　金

火炮
应用杠杆原理推动的抛石机，爆炸性火器发明之后，军队中设置火炮手向敌军发射火器。

之久的宋钦宗，令将士当作箭靶引弓施射，然后又纵骑兵践踏其尸体以泄恨。8月，完颜亮发动60万水陆大军南下侵宋。西路金军自凤翔攻大散关谋取四川以牵制宋军；中路攻荆襄，从侧翼掩护主力作战；东路由完颜亮亲率，为主力出寿春，企图强渡淮河，再驰长江，进逼临安；金军海路由苏保衡率领一支拥有600艘战船、7万水勇的舰队沿海南下，直捣临安。金军四路齐下，以钳形攻势直扑江南。完颜亮扬言：多则百日，少则一月，定可亡宋。

宋朝立即做出反应：以吴璘为四川宣抚使，负责川陕防务；成闵率师3万防守荆襄；老将刘锜被起用，负责在江淮抵御金军主力。海路金军由谁抵挡，一时无合适人选；李宝在此国难当头之际挺身而出，主动请缨，率一支只有120艘战船、3000水兵的水军迎海北上，迎击金军。宋金交战数年，金没有讨到多少便宜，反而让宋将魏胜趁金军后方空虚，于1161年8月出兵收复了海州（今连云港西南）。完颜亮大惊，忙遣兵数万围攻海州以解后顾之忧。这时，正锚泊东海的李宝得到消息，即率舰队登陆支援魏胜，解了海州之围。然后，李宝率舰队继续北上，10月下旬，抵石白山（今山东日照），恰遇几百名来投诚的金汉族士兵，从他们口中得到情报：金舰队此时正停泊在距石白山30里的唐岛。李宝决定趁敌不备，先发制人，即率船队直趋唐岛，准备突袭金海军。

10月27日晨，北风转南风，李宝根据风向，决定采取火攻破敌。此时的金军由于不习惯海上风浪，都在船舱里熟睡，而充当水手的多是被迫服役的汉族人民，他们看见宋朝水师驶来，并未叫醒金兵，反而把未睡的金兵骗入舱中；因此，当李宝水师迫近金舰时，金兵竟未察觉。李宝乘此良机，当机立断，下令将士全面出击，霎时间"鼓声震耳欲聋"，金兵从梦中醒来，赶紧起锚张帆，仓促应战。因对突袭不备，再加上不识水性，金军舰只挤成一堆，乱成一团。当时南风正紧，

霹雳火球（模型）
爆炸性火器。以薄瓷片和火药填塞至椭球内，引燃后投至敌军，杀伤力极大。其声如霹雳，故名。

而金军船舰又集中到一块，李宝认为正是火攻的好机会，他即令宋军向金舰投射火器。

由于金军船帆皆用油布做成，见火就燃，一时间金军数百艘舰船全陷入一片火海之中。加上此时风大，风助火势，火借风威，烈焰滔天，红光满江，船上的金兵一个个被烧得哭爹喊娘，慌不择路。

侥幸逃脱火灾的金军舰只仍想负隅顽抗，但他们尚未摆好阵势，李宝舰队已逼了上来，与金兵展开激烈的白刃战。金军舰只

车船复原图
南宋水军曾使用这种车船，在采石矶击败金主完颜亮。

上的汉族水兵，纷纷倒戈起义。金兵多不会水，不善水战，伤亡不计其数。除苏保衡只身逃脱外，金军舰队全军覆没，宋水军大获全胜。

与此同时，陆上金军各路也皆被宋军挫败。金军的惨败加深了金统治阶级内部矛盾，金帝完颜亮不久也死于内乱。

策略战术
李宝军：利用风向火攻奇袭；利用情报，当机立断；先发制人。

重大意义
此战使金灭亡南宋的计划破产，南宋的局势转危为安，使宋金南北对峙的局面长期维持；火药、火器在海战中的第一次大规模应用。

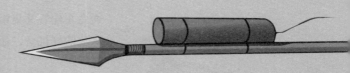

投射器

——远距离的制胜之道

如果说，作战时刀和枪一类冷兵器是人类手臂的有限延伸，那么，箭或炮等投射器则是人类手臂的超级加长，它们触及的范围更广更远，对敌人的打击也更多更狠，对己方有生力量的保存作用也就更好更大；但反过来，当己方成为"敌人"时，结论同样成立，战争，就是这样。石球的使用是人类思维在战争中的第一次跳跃。之后，箭、炮、枪等投射器粉墨登场，共同出演了一幕幕色彩缤纷的战争悲喜剧。

▲ 石球 旧时期时代，山西襄汾丁村出土
人类最先创造的抛射武器可能是飞石索，这是一些栓系或盛放石块或石球的非常简单的索绳或索囊，将之绕头顶急速甩动，然后松手释索，石块或石球便凭借离心力飞击目标。在旧石器时代遗址中，就发现有供飞石索使用的石球，打击得相当浑圆，这能使其飞行得更稳定，提高命中率。

▲ 秦国箭头

▼ 火箭模型 宋

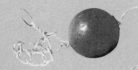

▲ 猛火油柜（模型），喷火兵器 宋

▲ 毒药烟球（模型）宋
这是一种能产生毒气的"手榴弹"，在火药的基本成分上，加入巴豆、砒霜等十多种成分的混合物，装填于球内，吸入毒气的人会鼻口流血而死。

▲ 铁嘴火鹞（模型）
燃烧性火器。以木为身，以铁为嘴，以草为尾，内装火药，用以燃烧敌方粮草。

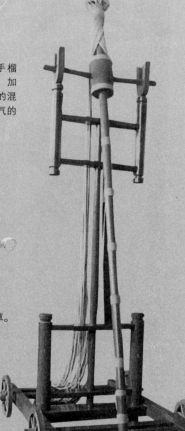

▲ 南宋抛石机模型

　　火药作为我国伟大的四大发明之一，唐时已运用于战争。宋代将火药大量运用于军事，并对火器进行改良，热兵器已较前代先进得多。北宋初，热兵器大多为燃烧性火器，如火箭，杀伤力不大。北宋晚期出现了爆炸性火器，杀伤力极强。在宋代，火器作为一种更高级的投射器，竟呈一时之风流。

◀ **抛石机 元**
抛石机为元军攻
城的主要器械之
一，威力巨大。

▲ **铜火铳 元**
元军广泛使用火器，有"火铳什伍相连"的炮兵队伍，
但火器制造受政府严格控制。火铳是元军常用的一
种管形火器，是现代枪炮的雏形。蒙古军队三次西征，
火铳发挥了巨大的威力。它的西传，加速了欧洲封
建时代的结束。

▲ **明神火飞鸦复原图**
长 56 厘米，以扎制风筝的形式，结合火箭推动的
原理发明的燃烧弹。用竹篾扎成乌鸦形状，内装火
药，由四支火箭推动，可飞行300多米，多用于火战。

▲ **铁炮 明**

▲ **明飞空击贼震天雷炮模型**
这种火炮内装火药，中间插有一支火药筒，点燃火
药筒推动雷体飞向目标。

▲ **明驾火战车模型**
这是一种装载火箭的独轮战车，前有绵帘，需要时可
放下挡铅弹，车两侧设置六筒火箭，计160支，火
铳两支，长枪两支，此车由两人操作。

◀ 一窝蜂模型 明

这是一种明代的筒形火箭架。它把几十支火箭放在一个大木筒里，引线联在一起，用时点总线，几十支箭齐发，宛如群蜂蜇人，故称"一窝蜂"。

▲ 火枪及火药囊 清

火枪是清军的重要兵器，在军队装备中仅次于火炮。这两支制作精美的火枪及火药囊为清军将领拥有。

▲ 三眼铁火铳 明

此铳为多管铳，主要用于攻守城池和水战。

▲ 神威无敌大将军炮 清

为收复雅克萨，打击沙俄侵略军，清军专门铸造了一批红衣大炮，康熙帝把它们命为"神威无敌大将军"。这种大炮在雅克萨之战中发挥了巨大威力。

MENGGU 蒙古灭金
MIE JIN ——蒙古统一天下的开始

交战双方：金朝女真族和蒙古贵族

交战时间：1211 年蒙古成吉思汗侵金开始，到 1233 年窝阔台灭金结束

将帅档案：蒙古：成吉思汗、木华黎、窝阔台。金军：承裕、完颜天骥、奥屯裏、抹撚尽忠、完颜合达、侯小叔、赤盏合喜、完颜仲元、移剌蒲阿等

交战结果：以金朝灭亡而告结束

历史背景

1206 年，铁木真称成吉思汗，在斡难河建立了蒙古汗国，成为北方草原地区新兴的强大势力。蒙古汗国一直受女真贵族建立的金朝统治，金朝统治者经常向蒙古部族勒索各种贡物，激起了蒙古族人民的不满和反抗。蒙古汗国确立奴隶制以后，奴隶主贵族掠夺财富的欲望不断膨胀；成吉思汗建国以后，开始发动南侵金朝的战争。

精彩回放

1211 年 2 月，成吉思汗率众南下，开始了对金的侵略战争。

蒙古军首先突袭金军要隘，金军士气低落，无力抵抗，金军守将仓皇撤兵。蒙古军顺利占领抚州（今内蒙古集宁东）后，成吉思汗率众继续追击，经过 3 天鏖战，金军损失惨重。10 月，蒙古军过紫荆关、居庸关，前锋部队直逼中都（今北京市）。1212 年春，蒙古军攻打中都时，

成吉思汗陵内供奉的马鞍具

遭到金守将完颜天骥的埋伏和夜袭，蒙军被迫撤军。

　　1212年秋，成吉思汗再次南侵，攻打金的西京府（今山西大同市）。蒙古军队与金援兵元帅左都监奥屯襄部发生激战，金军全军覆没。蒙军在围攻西京时，遇到金左副元帅兼西京留守赛里的顽强抵抗。成吉思汗在作战中身中流矢，再加上一时也攻不下西京，只好撤回阴山。

　　1213年秋，成吉思汗又从阴山南下，一直打到怀来，与金尚书左丞完颜纲10万军队展开激战，金兵精锐全部溃散，损失极其惨重。成吉思汗率军乘胜进攻，相继占领河北、河东广大地区，直抵黄河北岸。然后又向东攻占山东诸地，直到海滨，对中都形成包围之势。金朝无奈，只好提出议和的要求，蒙古大军携带掠夺来的人口和财富得胜而归。

　　1214年5月，金宣宗不愿再受蒙古军队的骚扰，迁都南京（今河南开封市）。成吉思汗又立即派兵南下，进占中都。同时，蒙古木华黎部攻占金东京（今辽宁辽阳市）和北京（今内蒙古宁城县西），金朝实力大减。

　　1217年8月，被封为太师兼国王的木华黎，率兵出征，接连攻克太原、汾州（今山西汾阳）、绛州（今山西新绛县）、潞州（今山西长治市）、平阳。1221年，木华黎大军直指陕西，进攻延安，金延安知府固守城池，蒙军只好撤退。1222年8月，木华黎转攻被金朝收复的太原府，太原再次失守。不久，蒙古军攻占河中府（今山西

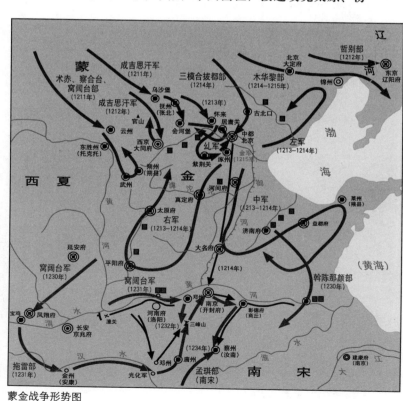

蒙金战争形势图

永济）。

　　1223年春，木华黎决定亲率大兵10万，先攻打凤翔府（今陕西凤翔县），再取京兆（今陕西西安市），但是在进攻的过程中，却遭到沉重打击，只好撤兵。

　　1227年7月，成吉思汗病死。1227年8月，成吉思汗第三子窝阔台继承汗位。窝阔台继位后，大举侵金。此次用兵，窝阔台旨在消灭金朝。

　　庆阳之战、卫州之战、潼关凤翔之战后，1231年5月，窝阔台分兵三路合围汴京（今河南开封市），中路窝阔台率兵攻陷河中府，左路斡陈那颜进兵济南，右路拖雷出凤翔，攻破宝鸡，直指汴京。经过钧州三峰山之战，金朝军队主力损失殆尽，主要将领大多战死，元气大伤，灭亡指日可待。

　　1232年1月，蒙古军队围攻汴京，虽然金朝军民奋力保卫汴京，但金哀宗却逃到了蔡州，汴京、中京（今河南洛阳市）相继陷落。

　　1233年，蒙古与南宋达成协定，协力围困蔡州。蔡州被困三个月后城破，金哀宗自杀，金朝灭亡。

策略战术
除发挥骑兵强大的优势外，蒙古的攻城战术也相当强。

金朝失败于缺乏全局战略，指挥不当。

重大意义
新兴的蒙古汗国消灭了腐朽的金朝。

成吉思汗统一漠北图
骑兵的作用从成吉思汗率领的蒙古铁骑身上最能体现出来。

蒙古西征

MENG GU XI ZHENG
——成吉思汗的精妙野战

西征时间：1219 年～ 1258 年
西征结果：成吉思汗和他的继承者以剽悍的武功征服了欧亚地区，以蒙古为中心，
建立起由钦察汗国、察合台汗国、窝阔台汗国、伊利汗国组成的横跨
欧亚大陆的庞大帝国

成吉思汗像

历史背景

1206 年，蒙古各部落首领在斡难河（今鄂嫩河）畔召开大会，推举铁木真为大汗，尊称成吉思汗，建立了蒙古国家。蒙古国建立后，以成吉思汗为首的蒙古贵族不断发动掠夺战争，用兵的主要方向是南下与西征，南下攻击的主要目标是南宋和金朝，西征则是指向中亚与东欧各国。

精彩回放

1219 年，为了剿灭乃蛮部的残余势力，征服西域强国花剌子模，成吉思汗带着四个儿子术赤、察合台、窝阔台、拖雷，以及大将速不台、哲别，开始了西征。蒙古 20 万大军长驱直入，在额尔齐思河流域分进合击，先后攻占布哈拉、花剌子模新都撒马尔罕、讹答剌与毡的城。花剌子模国王摩诃末西逃，成吉思汗令速不台、哲别等穷追不舍。后来，摩诃末病死在里海的一个小岛上，摩诃末的儿子札阑丁在呼罗珊一带继续抵抗。为了剿灭札阑丁，1221 年，成吉思汗大军渡过阿姆河，占领塔里寒城。他以塔里寒城为根据地，分派出两路大军，分别进攻呼罗珊、乌尔根奇。拖雷率兵进攻呼罗珊，相继攻陷你沙不儿、也里城；察合台与窝

阔台攻陷乌尔根奇。两路大军完成任务后，都回到塔里寒城与成吉思汗会师。然后，各路大军在成吉思汗的率领下，继续追击札阑丁，在印度河击败其余众。札阑丁孤身一人逃跑，花剌子模灭亡。1223年，蒙古大军在西追札阑丁的同时，还深入俄罗斯，在迦勒迦河与钦察和俄罗斯的联军展开决战，大败敌军，俄罗斯诸王公几乎全部被杀。1225年，成吉思汗凯旋东归，将本土及新征服所得的西域土地分封给四个儿子，后来发展为四大汗国。

金铁棍头、铜鞭穗 南宋

　　1227年，成吉思汗去世，成吉思汗的第三子窝阔台继任大汗。1234年，太宗窝阔台集结诸王大臣召开会议，商讨西征大事。窝阔台派兵分别攻打波斯（今伊朗）和钦察、不里阿耳等部，基本上征服了波斯全境。1235年，由于进攻钦察的军队受阻，窝阔台派遣其兄术赤之次子拔都，率50万大军增援。西征军一路势如破竹，很快就彻底消灭了花剌子模，杀死札阑丁。1237年底，拔都又率大军，继续西进，大举进攻俄罗斯，相继攻陷莫斯科、基辅诸城。1240年，拔都分兵数路继续向欧洲腹地挺进，大举进攻孛烈儿（今波兰）、马扎尔（今匈牙利）。1241年，北路蒙军在波兰西南部的利格尼兹，大破波兰与日耳曼的联军；中路蒙军主力由拔都亲自率领，进击匈牙利，大获全胜，其前锋直指意大利的威尼斯。全欧震惊，西方国家惶惶不可终日。1241年年底，窝阔台驾崩的消息传到军中，拔都只好率军从巴尔干撤回到伏尔加河流域，以撒莱为都城，在伏尔加河畔建立了钦察汗国。

　　1251年，蒙哥即大汗位。1253年，蒙哥派弟弟旭烈兀率军发起了第三次西征。这次西征的目标是消灭西南亚地区的木剌夷国（今里海南岸的伊朗北部）。10月，旭烈兀率兵侵入伊朗西部，进抵两河流域。1256年，旭烈兀统帅蒙古大军渡过阿姆河，6月到达木剌夷境内。1257年，蒙军荡平木剌夷之地，并挥师继续西进，直指黑衣大食首都巴格达。1257年冬，旭烈兀三路大军围攻巴格达。第二年初，三军合围，攻陷报达（今巴格达），消灭了有五百年历史的黑衣大食。此后旭烈兀又率兵攻陷阿拉伯的圣地麦加，攻占大马士革，其前锋部队曾渡海

元代灰铳

宋元时期，火器已大量用于战争。这是世界上现存的最古老管状火器，成吉思汗曾用它打开了一个壮观的帝国。

蒙古人攻城图 伊朗 志费尼

志费尼所著《世界征服者史》中收录多幅绘画表现蒙古人即位、朝觐、征战等情形。此图描绘了蒙古军在中亚进攻城市。

到达收富浪（今地中海东部的塞浦路斯岛）。

由于蒙古军队被埃及军队打败，旭烈兀才被迫停止西进，留居帖必力思，建立了伊利汗国。

策略战术

战略上采取由近及远、相继占领的策略，以蒙古大漠为中心，向外一步步扩张。

战术上注重学习汉人的军事技术，用汉人工匠制造大炮，提高了战术优势；西征时蒙古军还注意集中优势兵力，攻击敌人；剽悍的蒙古骑兵适合远距离作战，战斗力强。

而封建社会的欧亚各国则是分裂独立，如俄国当时分裂为许多小公国，相互争斗，不能一致对外，花剌子模虽是大国，但分兵守城，消极防御，不能集中兵力迎敌。

重大意义

成吉思汗和他的继承者以剽悍的武功征服了欧亚地区，以蒙古为中心，建立起由钦察汗国、察合台汗国、窝阔台汗国、伊利汗国组成的横跨欧亚大陆的庞大帝国，形成世界历史上前所未有的大帝国。

襄樊之战

——固守与攻坚

交战双方：南宋军队和元军（蒙古）

交战时间：1268 年～ 1273 年，历时 5 年

将帅档案：阿术（1227～1281）：蒙古名将，大将兀良合台子；蒙哥时，参与攻大理、交趾、南宋；忽必烈即位，为征南都元帅，负责对宋战争；1267 年起，连年围攻襄樊，攻克后请乘势灭宋；后取鄂州、建康、扬州，在镇江焦山击败张世杰水军

交战结果：襄樊沦陷，取宋门户大开

历史背景

　　蒙哥在钓鱼城之战中死去后，其弟忽必烈从鄂州匆匆北归，夺得大汗之位，他平定阿里不哥之乱后把重点转向灭宋。襄樊控扼南北，历来为兵家必争之地，是南宋西陲重镇："无襄则无淮，无淮则江南唾手可得"。

精彩回放

　　1268 年，元世祖忽必烈纳宋降将刘整策，下决心拿下襄阳，而后浮汉入江，直趋临安。9 月，忽必烈派都元帅阿术、刘整率军进围襄樊；针对宋军长于守城和水战的特点，蒙古军依据襄樊宋军设防在城西，便南筑堡连城，切断城中宋军与外界的联系，完成了对襄樊的战略包围。阿术还建立水师以防备宋水军援襄——刘整造船 5000 艘，并日夜操练，以改变战术上的劣势。

　　蒙古军修筑的鹿门堡、白河城使襄阳处于孤立无援的境地，宋军几次反包围，都归于失败，伤亡惨重。1269 年 7 月，宋将张世杰率军自临安来援，与蒙古军大战

元代名铳

铳上有"射穿百札，声动九天"、"神飞"等铭文，这种火器在攻城时更显其威力。

于樊城外围，被阿术打败。8月，宋将夏贵率军救援襄阳，遭蒙古军和被改编的汉军夹击，兵败虎尾洲，损失 2000 人及 50 艘战船。1270 年春，襄阳守将吕文焕率军出城攻万山堡，阿术诱敌深入，而后令部将张弘范、李庭反击，宋军大败，退回襄阳。9月，宋援军范文虎水军又为蒙古水陆两军击走；翌年初，元

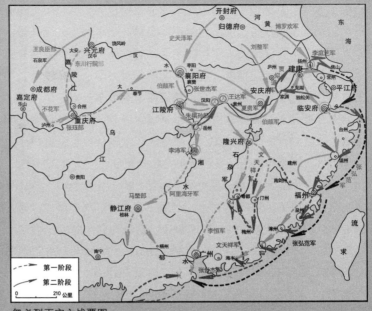

忽必烈灭宋之战要图

气恢复的范文虎卷土重来，阿术亲率大军迎击，宋军大败，损失战舰 100 余艘。三年中，宋蒙双方在襄樊外围反复争夺，宋军终未能突破包围圈。

1271 年，忽必烈改国号为元，随即采取措施加紧对襄樊的围攻。1272 年初，元军对樊城发起总攻，3 月，阿术率军攻破城郭，增筑重军，并进一步缩小了包围圈，宋军退至内城坚守。4 月，宋名将李庭芝招募荆楚等地民兵 3000 人，派张顺、张贵兄弟率领驰援襄阳。临行前张顺激励士卒说："此次援襄任务艰巨，人人都要有必死的决心和斗志，你们当中若有人贪生怕死，就请趁早离开，免得影响大家。"3000 士卒群情振奋，皆表示愿拼死报国。5 月，张顺、张贵在高头港集结船队，每只船都安装火枪火炮，结成方阵，备好强弩利箭，张贵突前，张顺殿后，驰入元军重围。在磨洪滩，3000 勇士强攻密布江面的元军舰只，将士先用强弩射向敌舰，靠近后再用大斧猛砍敌人，元军被杀而溺死者不计其数，张顺、张贵军冲破层层封锁，如愿进入襄阳城中。这一行动的胜利极大地鼓舞了襄阳军民抗敌的信心，张顺在这次战斗中战死，几天后，襄阳军民在水中找到他的尸体，只见他依然披甲执弓，怒目圆睁。军民怀着沉痛和敬佩的心情安葬了他，并为之立庙祭祀。

张顺、张贵带来的大批军用物资缓解了襄阳危机，但在元军重重封锁下，形势仍很严峻。张贵与郢州殿帅范文虎相约南北夹击，打通襄阳外围交通线。范率 5000 精兵驰龙尾洲接应，张率所部出城会合范军。张贵按约定日期辞别吕文焕，率部顺汉水东下，临

行检点人数，发现少了一名因犯军令而遭鞭笞的士卒，张贵知道计划已泄露，决定迅速行动，在元军采取措施前实现与范军会师。张军乘夜放炮开船，突出重围。阿术忙遣数万人阻截，封死江面；宋军接近龙尾洲时，遥见龙尾洲方向旌旗招展，战舰无数，张贵以为是范文虎之接应部队，遂举火晓示；对方即迎火光驶来。等至近前，张贵才发现：哪里是什么范文虎，尽是元军，他们接宋军叛卒告密，早占领了龙尾洲，专等张贵。于是两军在此处展开激战，由于元军是以逸待劳，宋军是长途跋涉，极度疲惫，结果宋军失败，张贵被俘，不屈就义。元军令四名宋降卒抬着张贵尸体到襄阳城下昭示宋军开城出降，吕文焕杀掉四个降卒，将张贵与张顺合葬，立双庙祭祀。

1272 年秋，元军为了尽快拿下襄樊，决定先攻樊城，襄、樊唇亡齿寒，樊城一失，襄阳即指日可下。1273 年初，元军从三个方向进攻樊城，已为大元皇帝的忽必烈又遣回族炮匠至前线，造炮攻城。元军烧毁了樊城与襄阳间的江上浮桥，使襄阳宋军眼见樊城危急却只能望江兴叹。刘整率元军战舰抵达樊城城下，用回族炮击塌城西南角，元军弃岸鼓噪而入城内。宋将牛富率军与元军展开巷战，终因势孤力单，牛富投火殉国。另一宋将天福见城告破，痛不欲生，拒降元军，也入火自焚，樊城失陷。

樊城沦落，襄阳更加危急。城中军民拆屋作柴烧，苦苦支撑；吕文焕数次遣人突围而出向朝廷告急，但宋朝奸相贾似道当权，对告急置之不理，却在皇帝耳边大言"天下太平"。1273 年 2 月，元骁将阿里海牙炮轰襄阳城；由于孤立无援，敌人攻势猛烈，城中人心动摇，城中将领纷纷出城投降；吕文焕自感大势已去，遂开城投降。

策略战术

元军：筑城连堡，断敌外援，长期围困，伺机破城；利用情报，以逸待劳。

重大意义

打开了直入南宋腹地的通道；为元灭宋、统一全中国扫清了障碍；二张光辉事迹显示了汉民族抗敌御侮、英勇不屈的优良精神风范。

宋代攀城垣用的云梯模型
这是攻城时用以跨越城墙的设施。

鄱阳湖之战

POYANGHU
ZHI ZHAN

——彪炳史册的水战

交战双方：朱元璋军和陈友谅军

交战时间：1363 年 4 月 ~ 8 月

将帅档案：陈友谅（1320 ~ 1363）：湖北沔阳（今仙桃）人；出身渔家；元末参加徐寿辉
　　　　　红巾军，隶属倪文俊，因功升至元帅；1357 年，倪文俊谋杀徐寿辉不成，
　　　　　他乘机杀倪文俊，兼有其众，连克江西、福建等地；1361 年夏，杀徐寿
　　　　　辉，称帝，国号汉；鄱阳湖一战败于朱元璋，中箭身死。朱元璋（1328 ~
　　　　　1398）：明朝开国皇帝；幼名重八，字国瑞；安徽凤阳人；元末参加郭子
　　　　　兴农民起义军；1356 年，攻取集庆路（今南京），改为应天府，自称吴国
　　　　　公；1367 年 10 月，派徐达、常遇春北伐，攻占元大都（今北京）；1368 年
　　　　　1 月 4 日，朱元璋在应天府称帝，国号"明"，年号洪武；在位大力提倡
　　　　　棉桑业以发展经济；重视教育，建国子监；制定各项制度，加强封建专
　　　　　制中央集权；1398 年病逝，葬于明孝陵

使用兵器：火炮、火铳、火箭、火蒺藜、大小火枪、神机箭和弓弩

交战结果：朱元璋军胜

历史背景

　　元朝末期政治腐败，社会动乱不安，农民起义风起云涌。淮南刘福通红巾军、湖北的徐寿辉、高邮的张士诚给了元朝统治沉重打击；朱元璋在乱世中崛起。刘福通后来被张士诚杀死，徐寿辉被陈友谅杀死，长江中下游地区形成了朱元璋、陈友谅两大军事集团。陈友谅滥杀致人心离散，而朱元璋广开言路，笼络了大批人才，在江南的争夺中逐渐占据有利地位。

朱元璋像

精彩回放

1363 年 4 月 23 日，陈友谅乘朱元璋率军

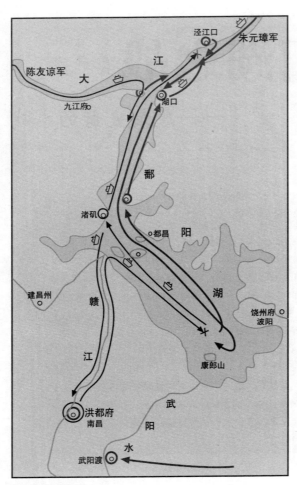

鄱阳湖之战要图

北援安丰（今安徽寿县）红巾军、江南空虚之机，挥师号称60万，取道水路，围攻洪都（今南昌），并占领吉安、临江、无为州。守将朱文正率军奋力固守，坚持两月；并派人向朱元璋告急。朱元璋闻讯后，令朱文正继续坚守，以疲惫消耗陈军；随即亲率水军20万于7月6日救援洪都。陈友谅围攻洪都85天不克，闻朱元璋来救，即撤围移师鄱阳湖准备决战；朱元璋16日亦进至鄱阳湖口。

为把陈军困于湖中，朱元璋先部署一部分兵力扼守泾江口和南湖嘴，切断陈友谅归路；又调信州（今江西上饶）兵守武阳渡（今南昌东），切断陈军侧后；然后亲率水师由松门（今江西都昌南）进入鄱阳湖，形成关门打狗之势。

20日，两军在康郎山（今江西鄱阳湖内）水域遭遇。陈军巨舰联结布阵，展开数十里，颇有气势；但睿智的朱元璋看出其首尾相接、不利进退的弱点，于是将己方舰船分为20队，每队都配备大小火炮、火铳、火蒺藜、神机箭和弓弩。命令各队接近敌舰时，先发火器，再射利箭，继以短兵相搏。次日，双方激战开始。朱元璋爱将徐达身先士卒，率舰队奋勇冲击，击败陈军前锋，毙敌1500余人，缴获巨舰一艘。俞通海乘风发炮，焚毁20余艘陈军舰船，陈军死伤甚众，朱军伤亡也不少。战至日暮，双方鸣金收兵，战斗告一段落。

22日，陈友谅率全部巨舰出战。朱军因舟小，不能正面进攻，接连受挫。下午，东北风起，朱元璋纳部将郭兴的建议，改用火攻。他选择敢死士驾驶7艘渔船，船上装满火药柴薪，逼近敌舰，顺风放火，一时风急火烈，迅速蔓延，湖水尽赤。陈军巨舰被焚数百艘，死者过半，陈友谅弟陈友仁、陈友贵及大将陈普略均被烧死。朱元璋挥军乘势猛攻，又毙敌2000余人。23日，陈友谅瞅准朱元璋旗舰发起猛攻。朱元璋刚刚移往他舰，原舰便被陈军击碎。24日，俞通海等率领6疾舰突入陈军舰队，勇往直前，如入无人之境。朱军士气振奋，再次猛烈攻击。陈友谅不敢再战，转为防御。为控制长江水道，当晚，朱元璋进扼左蠡（今江西都昌西北），陈友谅亦退至渚矶（今江西星子南）。

相持3天，陈友谅屡战屡败；陈军左、右金吾将军见大势已去，投降朱元璋，陈军军心动摇，形势越发不利。朱元璋乘机致书陈友谅劝降，陈为泄愤，尽杀俘虏；而朱元璋却反其道而行之，放还全部俘虏，并悼死医伤，以分化瓦解敌军。为阻止陈军逃遁，朱元璋移军湖口，命常遇春率舟师横截湖面，又在长江两岸修筑木栅，并置火筏于江中。陈友谅被困湖中一个月，军粮殆尽，将士饥疲，于是孤注一掷，冒死突围。8月26日，陈友谅由南湖嘴突围，企图进入长江，退回武昌，却陷入朱军的包围。陈军复走泾江，又遭朱军伏兵截击，陈友谅中箭身死。残部5万余人于次日投降朱元璋，只有张定边逃回武昌。1364年2月，朱元璋兵抵武昌，陈友谅子陈理投降，朱元璋的势力扩大到两湖。

策略战术

朱元璋军：利用敌方弱点和失误，化不利为有利；封锁湖口，限制其庞大兵力发挥优势；掌握水上主动权；集中兵力，各个击破；不失时机地实施火攻，充分发挥火器的作用；善于利用风向、水流等自然条件，及时抢占有利攻击方位。

重大意义

为朱元璋平定江南奠定了的基础，并为以后北伐和攻灭元朝、统一全国、建立明朝创造了极为有利的条件。

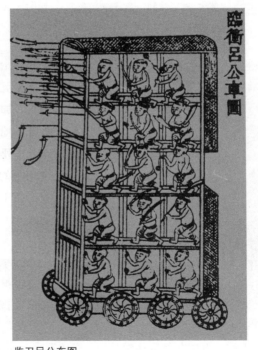

监卫吕公车图

见于《武备志》卷二十九。元末，朱元璋大将军常遇春在进攻衢州时曾使用这种高层攻城车。

JING NAN 靖难之役
ZHI YI ——皇权的争夺

交战双方：明朝廷军队和燕王朱棣军
交战时间：1399 ～ 1402 年，历时 3 年
将帅档案：朱棣：即明成祖(1360 ～ 1424)，朱元璋第四子；1402 年推翻建文帝自
　　　　　立，年号永乐，1421 年迁都北京；在位积极兴修水利，发展农业生产；
　　　　　对外遣郑和下西洋，最远到达非洲西海岸和红海，扩大了中国与世界
　　　　　的交流和影响；编纂《永乐大典》
交战结果：燕军胜利，朱棣当上皇帝

明成祖像　明宫廷画家所绘

历史背景

朱元璋当上皇帝后，为让朱家天下千秋万代，加强皇室自身力量，他大封诸子为王，分驻各地。藩王握有当地军权，俨然地方割据。朱元璋死后，皇太孙允炆继位，倍感藩王对中央朝廷的威胁，于是推行削藩以加强中央集权，藩王中势力最大的燕王朱棣不满，起兵反抗。

精彩回放

1399 年，燕王朱棣捕杀了建文帝安插在北京监视他的将臣，于 7 月起兵，以"靖难清君侧"为由，南下向应天逼近。

燕王幼从开国名将徐达学兵法，深谙军事，而又蓄谋已久，故不久就攻取了北平北的居庸关、怀来、密云、遵化、永平等州县，扫除了后顾之忧，遂南向直扑朝都。建文帝大惊，急忙组织抵御，由于朱元璋在位时滥杀功臣，致使此时朝中已无人可用，允炆

只得起用古稀之年的耿炳文为将，率13万人伐燕。8月，朱棣利用中秋对手戒备懈怠，夜袭南军，大败南军先头部队，继而又在滹沱河北重创耿炳文大军。建文帝听说耿炳文被燕王打得落花流水，很是急恼，于是以李景隆代耿为大将军，指挥伐燕战事。

李景隆乃开国元勋李文忠之子，但比其父逊色多了，领兵打仗根本不是内行。9月，李至德州，收集耿炳文的残兵溃将，连同新带来的兵，共计50万，在河涧安营屯寨。朱棣听说李如此布阵，笑着对部下说：兵法大忌，李景隆该犯的都犯了：一、新帅上任，不思整肃，致军心涣散；二、不考虑北方气候特点，粮食补给困难；三、深入险地，不计后果；四、刚愎自用，急于取胜；五、不知灵活机动排兵，不强调信、仁，致部队虽多却尽是乌合之众，焉能不败？为了引诱对手主动进攻，朱棣任用姚广孝协助世子朱高炽留守北平，自领大军驰援被辽东军围攻的永平，走时告诫朱高炽：敌来只宜固守，不要出战。朱棣还撤去了卢沟桥守军。

李景隆听说朱棣北去，大喜，挥师直扑北京城，10月抵城郊。他见卢沟桥无燕军，笑谓诸将：此桥都放弃，我看朱棣是有心无力了。于是下令猛攻北京。朱高炽在城内严密部署，顽强守卫，打退了南军一次次的猛攻；南军骁将瞿能率千余精骑，突入张掖门，但李景隆不愿让他先立战功，强令瞿退，等待大部队一起进攻。燕军得到喘息机会，同时连夜往墙上泼水，等到次日，墙上因天冷结冰，南军不能再攀城进攻了。两军在城内外激战的同时，朱棣已打退辽东军，又北向趋入大宁，兼并了宁王部众及朵颜三卫的蒙古骑兵，于11月回师京郊。朱棣在南军侧翼发动猛烈攻击，城中燕军也乘势杀出城，南军在燕军两面夹击下顿时大

故宫太和殿

太和殿是故宫内最大的建筑，也是我国现存古殿宇建筑中规模最大的。殿高37.44米，建筑面积达到2377平方米。它是皇权的象征，国家重大事件如登基、大婚、命将出师等，都要在这里举行隆重的典礼。

大明天子之宝

皇权的象征。靖难之役实质上就是叔侄之间对皇权的争夺。

溃，李景隆弃军先逃，众兵失去主将也自散去。

建文帝为群臣蒙蔽，仍重用李景隆。1400年，李景隆与郭英集60万大军北上，在白沟河遭遇燕军，展开激战。燕军一度受挫，但南军政令不一，未能乘机扩大战果；燕军利用有利战机，挫败南军主力。南军顿时一溃而不可收，李景隆再次弃军逃跑。燕军在德州再次击溃南军。

燕军屡胜而骄，在东昌（今聊城）遭南军袭击，大败，燕骁将张玉阵亡，朱棣得朱能援救才突出重围。朱棣吸取教训，于1401年2月再次出击南军，在真定等地捷报频传，攻占河北很多州县，但燕军一走，城就又丢了。正当朱棣为此苦恼时，南京一些不满建文帝的宦官来投奔朱棣，"具言京师空虚可取状"。朱棣大喜，遂决定不再在河北与敌纠缠，于1402年1月率燕军南下，绕过敌人重兵屯集的济南直趋应天，进入江苏。建文帝忙命魏国公徐辉祖率军北上抵抗。徐在齐眉山大败燕军，遏止了燕军南下的势头，将朱棣阻于泚水河。在此关键时刻，一些朝臣却对建文帝说：京师不可无良将；建文帝遂命徐辉祖回师卫京。徐的离去使前线兵力大大削弱，南军粮道此时也被燕军截断。朱棣当然不会错过这大好时机，挥军进击南军，在灵璧大破之；燕军士气大振。

5月，朱棣率军渡过淮河，避开凤阳、淮安两座坚城，攻下扬州、高邮，准备渡长江。建文帝曾想割地南北分治，被燕王断然拒绝。6月初，燕军由瓜州渡长江，抵应天城下；13日，守卫金川门的谷王朱穗和屡战屡逃的李景隆开门迎降，朱棣进入南京。宫中火起，建文帝不知所终；朱棣将建议建文帝削藩的黄子澄、齐泰等全部杀掉并灭族，然后在文武百官簇拥下登皇帝位，年号永乐。靖难之役结束。

策略战术
燕军：当机立断；迂回袭敌侧后，前后夹击；集中兵力攻重点；绕开坚城，纵深直入；断敌粮源，及时出击。

重大意义
反映了中央与地方矛盾的不可调和；促成明都由南京向北京的迁移，影响意义深远；绕过坚城、攻敌重心的战术再次得到验证。

明京师保卫战

MING JING SHI
BAO WEI ZHAN
——铁骑硬弩与坚城火炮

交战双方： 明军和瓦剌军
交战时间： 1449 年
将帅档案： 于谦(1398 ~ 1457)：字廷益，浙江钱塘人，明代著名军事家、政治家。曾任监察御史、兵部侍郎、山西、河南巡抚、兵部尚书等职；他才识过人，忧国忧民，深得景帝器重；改革亲军旧制，整肃军纪，取得京师保卫战的胜利；1457 年 1 月被陷害致死；其诗句"粉身碎骨全不怕，要留清白在人间"流传千古；后人辑有《于忠肃集》。也先(1407 ~ 1454)：明代瓦剌贵族首领；1439 继其父脱欢为太师，进一步兼并蒙古诸部，并乘胜扩展势力：西起中亚，东接朝鲜，北连西伯利亚，南临长城，土木堡之战大败明军，俘获明英宗；1453 年，篡位，自称大可汗；1454 年，在内讧中被杀

于谦像

历史背景

瓦剌为蒙古的一支，宣德时，其首领脱欢统一鞑靼和瓦剌。1439 年脱欢子也先继为太师后，四处扩张，从三面对明形成包围，欲重建"大元"。1449 秋，因与明边境贸易摩擦，也先发兵南侵，亲率主力进攻大同。明朝时值太监王振专权，他挟英宗仓促亲征。8 月，明军在土木堡被瓦剌打败，英宗被俘，史称"土木堡之变"。也先乘明廷无主、京师空虚、人心不稳之机，继续南攻，企图攻取北京，迫明投降。

精彩回放

1449 年，也先大兵逼近北京城，气势汹汹，明朝举朝震恐，皇太后命英宗弟朱祁钰监国，召集群臣，共商

明英宗朱祁镇像

明孝庄睿皇后像

明英宗孝庄睿皇后，钱氏，海州人。正统七年（1442）被立为皇后，极是贤德，英宗欲封其族人，每每逊谢。

国是。翰林院侍讲徐珵等大臣主张迁都南逃，兵部侍郎于谦极力反对迁都。他力陈京师是天下根本，一动则大势即去，并以南宋教训为鉴，要求坚守京师。于谦的主张得到皇太后、朱祁钰及大多数朝臣的赞同，皇太后命于谦全权负责守战之事。

8月，于谦升任兵部尚书，为了激励人心，将招致"土木堡之变"的罪魁祸首王振抄家灭族，他的三个爪牙也被激怒的百官打死在金殿上。针对危局，于谦奏请确立新君，主持朝政，以固民心。9月，朱祁钰即皇帝位，遥尊英宗为太上皇，是为景帝，也先挟英宗要挟明廷的企图落空。于谦迅速调集各地勤王兵入援京师：河南、山东、南京、江北各府军队及沿海的备倭军，陆续抵达京师；于谦又调通州仓库的粮食入京。京师一时兵精粮足，人心渐趋安定。

10月1日，也先兵分三路大举向北京进犯。东路军2万人沿古北口方向进攻密云，为牵制力量。中路军5万人，从宣府方向进攻居庸关；西路军10万人由也先亲自率领，挟持英宗自集宁经大同，攻陷白羊口（今天镇北）后，挥师南下，直逼紫荆关。

9日，也先抵紫荆关亲自督战。投降瓦剌的明朝宦官喜宁熟知紫荆关关防部署，引导瓦剌军偷越山岭，从侧后夹攻明守军，明将韩青、孙祥战死，紫荆关失陷。瓦剌主力便由紫荆关和白羊口两路进逼北京。

景帝召集群臣商讨保卫京师策略。京师总兵石亨主张坚守不出，于谦认为不可：面对强敌，不能示弱，主张到城外背城迎敌。于谦分遣诸将率兵22万，于京城九门之外列阵，以阻敌锋。在德胜门、安定门、东直门、朝阳门、西直门、阜成门、正阳门、崇文门、宣武门部署好严密的防御军阵后，于谦到防守的重点德胜门亲自督战，"悉闭诸城门"，以示背城死战的决心。于谦下令："临阵，将不顾军先退者，斩其将；军不顺将先退者，后队斩前队。"

10月13日，瓦剌军抵北京城下，列阵西直门外。于谦把主力隐藏，用小股兵力不

明正统九年铜铳
这是明朝军队配备的重型火器，从设计思路和制造工艺都借鉴了西方的先进技术。

断袭击，骚扰敌军。当晚，高礼、毛福寿在彰义门北与瓦剌军交火，杀敌数百人，明军士气大振，迫使瓦剌军不敢贸然进攻。

14日，瓦剌军集中主力攻打德胜门，于谦命石亨率部预先埋伏在德胜门外路两侧的空房中，然后以少量精骑诱瓦剌军深入。明军与瓦剌军稍一交战，抵挡不住，退却，也先以数万骑追来。待瓦剌军进入明军埋伏圈时，明军神机营突发火炮、火铳，同时石亨所领伏兵跃出夹攻。瓦剌军大败，也先之弟、有"铁元帅"之称的孛罗和平章卯那孩也中炮身亡。瓦剌军又转攻西直门，又被明守将都督孙镗率军击退。

根据战斗中暴露出来的问题，于谦重新部署军事，加强了西直门和彰义门之间的军事力量，命都督毛福寿"于京师外西南巷战要路，埋伏神铳短枪"，以待策应。瓦剌军在德胜门和西直门受挫后，又进攻彰义门，于谦命武兴、王敬率军迎敌。明军神铳和弓矢短兵前后相继，挫败了敌军的前锋。但监军太监为争功，率数百骑跃马冲出，使军阵大乱，瓦剌军乘机反击，武兴牺牲。瓦剌军追到土城，土城居民"升屋呼号"，掷砖投石，不久毛福寿军赶到，瓦剌军被击退。

明裕陵
明英宗朱祁镇之墓，位于天寿山西峰石门山南麓，皇后钱氏、周氏与其合葬。

也先原以为明军不堪一击，紫禁城指日可下。激战 5 天后，明军屡获胜利，士气高昂；而瓦剌军屡遭重创，士气低落。不久，也先听说明援军将至，恐后路被切断，而北京防守也更加严密，无隙可击，于 15 日夜下令北退。于谦命明军乘胜追击，24、25 日在霸州、固安等地明军又大败瓦剌军，瓦剌军之前掳获的许多人口、财物又被夺回。11 月 8 日，瓦剌军全部退出塞外（英宗不久被送回），于谦指挥的京师保卫战取得了彻底的胜利。

土木堡遗址
1449 年（正统十四年）七月，瓦剌大举攻明。明英宗在宦官王振的怂恿下，率 50 万大军亲征土木堡。结果王振死于乱军之中，明英宗被俘。

策略战术
明军：诱敌深入伏击之；各军协作配合；严密防守不给敌人以可乘之机。

重大意义
保卫了京师，使明朝在军事上转危为安；明朝政权未被颠覆，维护了北方经济的稳定发展。

军事知识

佛朗机

中国明代中期火炮。由母铳和子铳构成。母铳身管细长，口径较小，铳身配有准星、照门，能对远距离目标进行瞄准射击。铳身两侧有炮耳，可将铳身置于支架上，能俯仰调整射击角度。铳身后部较粗，开有长形孔槽，用以装填子铳。子铳类似小火铳，每一母铳备有 5 至 9 个子铳，可预先装填好弹药备用，战斗时轮流装入母铳发射，因而提高了发射速度。佛朗机为欧洲发明，1522 年（明嘉靖元年）由葡萄牙传入中国，按其国名称音译为"佛朗机"。1524 年（嘉靖三年），明廷仿制成功第一批 32 门佛朗机，每门重约 300 斤，母铳长 2.85 尺，配有 4 个子铳。之后，明廷又陆续仿制出大小型号不同的各式佛朗机，装备北方及沿海军队。

佛朗机复原图

戚继光抗倭

——明朝军事的新篇章

交战双方：明戚家军和日倭寇

交战时间：1561 年～ 1565 年

将帅档案：戚继光（1528 ～ 1587），字元敬，山东牟平人；出生将门，少年时立下
"封侯非我意，但愿海波平"的崇高志向；1544 年（嘉靖二十三年），袭
父职担任登州卫指挥金事，后中武举；1555 年，被调到浙江抗倭；建
"戚家军"，在平息倭寇战争中屡建战功；1567 年北调镇守蓟门，为保卫
边防做出了杰出的贡献

使用兵器：倭寇：倭刀、长枪、重矢等；明军：火器、战船

交战结果：倭患被平定

历史背景

中国古代称日本为"倭国"，所以把武装劫掠朝鲜半岛和
我国沿海的由浪人、渔民、商人、农民构成的日本人统称为"倭
寇"。元朝时倭寇就开始形成；1467 年，日本进入"战国时代"，
战乱不休，一些战败和失业的武士逃往海上，使倭患更为猖獗。
当时明政府政治腐败，海防松弛，一些奸商、海盗和贪官
还与倭寇勾结。倭寇所到之处，杀人放火，奸淫掳掠，我
国东南沿海人民生命财产遭受重大损失。

精彩回放

1555 年，戚继光从山东调到浙江抗倭，时当地士
兵老弱病疲，缺乏战斗力；出身高贵的将官，不习武艺，
不精兵法；水军战船十存一二，且长年失修……但英勇
抗战的人民使他看到了希望，戚继光上书要求训

戚继光像

《纪效新书》

戚继光在抗倭战争期间写成的《纪效新书》是东南沿海平倭练兵作战的经验总结。

1559 年他在浙江金华、义乌一带招募以农民和矿工为主的 3000 人加以训练，组成戚家军。

戚继光重视火器，他认为"水战火第一"，给水师战船装备了最先进的火器，数量远远超过陆师。根据与倭寇的作战经验和南方多沼泽地形的特点，他创造了"鸳鸯阵"（见"军阵"专题），使长短兵器相互配合；必要时，阵一分为二，很有作战效率。

戚继光还亲自督造战船 44 艘。根据作战任务和当地水文气象情况，选定五种战船，大小结合，攻防兼备，各有其长，优势互补。戚继光将各种船只结合组成以哨、营为单位的水军，每营都以一部分战船出海巡逻，一部分留守海港。出巡时若遇小股敌人，则由该营自行攻击；若遇大股敌人，则各营联合攻击。戚继光对水师的编制员额和人员职责作了明确规定：战船由捕盗（船长）负责全船的指挥；舵工管舵和舵门下的攻防；缭手管帆樯绳索，主持调动方向；扳招负责通信观察；上斗负责在望斗瞭望，并用犁头镖下射敌船；碇手管碇和船头的攻防；兵夫十名为一甲，由甲长率领。在戚继光的训练下，戚家军不是单纯的陆军，亦非水军，而是一支既能陆战又能海战的两栖部队。

训练中戚继光还重视对军民的思想教育。他告诉士兵要奋勇杀敌，而不扰害民众，才能得到民众拥护，以此激发士兵抗倭立功的热情。戚继光以岳家军"冻死不拆屋，饿死不掳掠"为榜样严肃纪律，禁止烧杀淫掠、杀害战俘等。戚继光要求学会能够实战的真本事，他告诉士兵武艺不是应付官府的事，而是用来防身立功的东西。

1561 年 4 月，倭寇分三路大举入侵浙江台州。戚继光率军在龙山上峰岭将倭寇主力击溃。战败的倭寇，又聚众两千登陆长沙。20 日晨，在做好充分部署后，戚

明水底炮

家军突袭长沙倭寇。倭寇四面被围，惊恐万分，纷纷溃退。但船只早已被戚家军焚烧，倭寇只得下海游走，大多溺死。只有300名倭寇因出外掳掠未归而逃脱，但后来也被胡震率领的水师歼灭。戚家军在人民群众的配合支持下，九战九捷，歼灭大量倭寇。与此同时，卢镗、牛天锡也在宁波、温州也大败倭寇，浙江的倭患基本肃清。

1562年，倭寇大举进犯福建，自温州来的倭寇与福宁的倭寇一起攻占寿宁、政和、宁德，从南澳来的倭寇与福清的倭寇攻陷玄钟所及龙延、莆田等地。倭寇在距宁德5公里的横屿，凭险固守，与官军相持一年多；新来的倭寇又在牛田、兴化筑营。几路倭寇互为声援，十分嚣张，福建频频告急。

1562年7月，戚继光率军来到福建。8月，戚家军进攻横屿，打响入闽剿倭第一仗。戚继光先命张谏、张岳在横屿西、北陆布阵，防止倭寇上岸；又命张汉水师在横屿东部海面游弋，防止倭寇从海上逃窜；戚家军主力从南面发起进攻。横屿与大陆间的浅滩，在退潮后尽是淤泥，不利前进。戚继光命士兵每人背一捆草，把草铺在淤泥上匍匐前进，终于攻占该岛，斩首3000余级。

戚继光返回浙江后，倭寇再次大肆劫掠福建沿海。1562年底攻陷兴化府城，在城中烧杀掠夺，盘踞两个多月才弃空城而走；经岐头攻陷平海卫（今莆田平海），以此为巢，四出骚扰。明朝调戚继光与俞大猷、刘显一道抗击闽倭。

1563年4月，戚家军再次进入福建。在平海卫之战中，戚家军为中军，担任正面进攻，俞大猷为右军，刘显为左军。21日，戚家军以火器打乱了倭贼前锋骑兵，乘势猛攻，俞、刘二部从两翼配合攻击。倭寇三面受敌，狼狈逃窜。1564年，倭寇又纠集万余人，进攻兴化府附近的仙游；戚家军进剿，斩首2000余级。戚家军乘胜向福建倭寇的巢穴牛田

"登州戚氏"军刀 明

军事知识

"登州戚氏"军刀

我国明朝抗倭名将戚继光使用的一把军刀。通长89厘米，柄长16厘米。刀上部刻"万历十年，登州戚氏"八字，这把军刀是万历十年（1582年）戚继光任蓟镇总兵时铸造的。

抗倭图卷（局部）

此图描绘倭寇船侵入浙江沿海、登陆、探察地形、掠夺放火、百姓避难、明军出战、获胜的全过程。这部分是明军与倭寇激战的情况。

进军，在到达牛田西北的福清后，戚继光扬言远来困乏，要休整军队，以麻痹敌人。翌日午夜，戚家军发动奇袭，并借风火攻，大败倭寇，连克营垒60余座，斩首千余级，解救被掳男女3000多人，戚家军进入兴化城。其后戚继光又在福宁大败倭寇，并与俞大猷一起最后扫清了福建境内的倭寇，至此，福建倭患基本平定。

逃往广东的倭寇残部，后来被俞大猷剿灭。到1565年，中国沿海倭寇巢穴已经被全部荡平，倭患被最后平定。

策略战术

戚家军：攻则出其不意，集中兵力打歼灭战；守非机械地死守，而是在防御中伺机反攻；"鸳鸯阵"灵活机动，战船优势互补；得民心（人和）。

重大意义

维护了我国边境沿海的安定；集中围歼敌人主力和防御积极主动的战略战术给后世以积极的指导意义；抗倭的英雄行为激励着后人的御辱卫国精神。

萨尔浒之战
——集中兵力各个击破

交战双方：明军和后金军

交战时间：1619 年 3 月 1 日～5 日，历时 5 天

将帅档案：努尔哈赤(1558～1626)：爱新觉罗氏，女真族杰出首领、卓越的军事统帅；1583 年 5 月以 13 副铠甲起兵，统一建州各部，1614 年建立八旗军制，1616 年建立后金，定都赫图阿拉；与明作战中屡败明军，萨尔浒一战后掌握主动；1626 年宁远败于袁崇焕，郁闷而死

投入兵力：后金军：6 万；明军：约 10 万

交战结果：明军被打败

努尔哈赤像

历史背景

  满族是生活在我国东北白山黑水的民族，明朝在这里设卫所管辖。满族建州人努尔哈赤逐渐发展壮大，统一女真，建立后金；1615 年，努尔哈赤率军攻叶赫，明廷派兵保护叶赫部，后金与明矛盾激化。

精彩回放

  1618 年，努尔哈赤以杀父祖、遣兵助叶赫防御等"七大恨"告天，于 4 月 13 日率步骑 2 万攻明。明廷大惊，忙以杨镐为辽东经略，率军抵御后金军；杨镐率总兵杜松、马林、刘綎、李如柏，又通知朝鲜叶赫出兵助攻，合 11 万人，浩浩荡荡杀奔后金。杨镐令总兵马林率 1.5 万人出开原，入浑河上游，从北面进攻；总兵杜松领 3 万人担任主攻，由沈阳出抚顺关入苏子河谷，从西面进攻；总兵李如柏率

2.5 万兵由西南进攻；总兵刘綎率兵 1 万与朝鲜兵 1.5 万由南进攻；杨镐坐镇沈阳指挥，四路大军会攻赫图阿拉。

得悉明大举来伐，努尔哈赤不动声色，镇定自若。他先在吉林崖（今抚顺市东）筑城屯兵，加强防御工事，以扼明西路来兵；然后根据明军南、北二路道路崎岖不能即至的情况，决定趁此二路来之前先击溃明中路军，"凭尔几路来，我只一路去"。他将后金 10 万兵力集于赫图阿拉附近；1619 年 2 月 28 日，努尔哈赤发现刘綎先头部队自宽甸北上，杜松西路军已过抚顺关，进展神速，但因其他几路尚未抵达而显得孤军突出。努尔哈赤当机立断，集中兵力迎击杜松军。3 月 1 日，杜松兵抵萨尔浒，以全力驻屯，自率万人攻吉林崖。努尔哈赤见杜孤军深入，兵力分散，一面发兵增援吉林崖，一面亲率 4.5 万旗兵直扑驻萨尔浒的明军西路主力。2 日，两军展开激战，杀得天昏地暗。杜松军点燃火炬照明以便准确炮击，后金军利用明军的火光，以暗击明，集矢而射，杀伤甚众。时起大雾，努尔哈赤趁雾引一路军越过堑壕，拔掉栅寨，攻占明军营垒。明西路军遂溃，死伤逾万。与此同时，杜松万余军在吉林崖也遭后金军重创，杜松战死，明西路全军覆没。

明军主力被歼，南北二路显得势弱，处境孤单，马林率北路军进至尚间崖时，得知

萨尔浒之战旧址

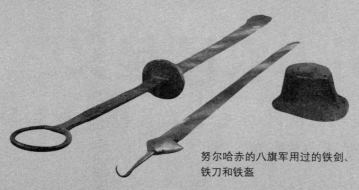

努尔哈赤的八旗军用过的铁剑、
铁刀和铁盔

杜松覆灭，不敢前进，就地防御。他环营挖掘三层堑壕，将火器部队列于壕外，骑兵继后；又命潘宗颜、龚念遂各率万人屯于大营数里外以成掎角之势，并环战车以迟滞后金。努尔哈赤在击灭杜松后，已率八旗主力转锋北上，迎击明北路军。3日，后金军一部骑兵横冲龚念遂阵营，并以步兵正面冲击破明军车阵，龚军大败。主力后金军与马林部明军大战于尚间崖，刚击溃龚念遂的后金骑兵已迂回到马林军侧后，与主力前后夹击，马林大败。努尔哈赤挥军乘胜追击，八旗骑兵又冲垮潘宗颜军，北路明军大部被歼。

此时刘𫄧南路军因迷路未能如期到达目的地，而又不知明北、西二路已被歼，仍向北开进，当快到萨尔浒时，努尔哈赤已击败马林，挥师南下，做好了迎战准备。努尔哈赤以主力埋伏于赫图阿拉南，另以少数士兵冒充明军，持着杜松令箭，诈称西路明军已迫近赫图阿拉，要刘𫄧速进会攻。刘𫄧不知是假，即率军轻装急进。3月5日，明南路军深陷后金军包围圈，遭受伏击，崩溃，刘𫄧阵亡。坐镇沈阳的杨镐掌握着一支机动部队，却未对三路明军作任何策应，及至闻杜、马、刘皆场战败，才急调李如柏回师。李如柏接到撤退命令时被后金哨探发现，后金哨探在山上发起冲锋信号以惑明军。李如柏军以为后金军发起进攻，争相逃跑，自相践踏，死伤千余。

策略战术

后金军：充分利用时间，集中兵力，各个击破；诱敌深入，设伏聚歼；利用骑兵快速机动的特点，迅速转移兵力。

重大意义

集中兵力、各个击破的战例；使后金从此掌握了辽东战场的主动权。

明末农民起义

——中国历史上农民战争的最高发展和总结

交战三方： 李自成领导的起义军、明朝军队和清军

交战时间： 从 1627 年（明天启七年）开始，至 1658 年（清顺治十五年）失败，起义军与明军战斗 17 年，与清军战斗 14 年

投入兵力： 起义军近 200 万人

交战结果： 明军主力被歼灭，农民起义军被清军击败

历史背景

明朝末年，各地藩王对农民横征暴敛，藩王辖区内农民生活比其他地区更为困苦，阶级矛盾异常尖锐。尤其是陕西地区，长期以来各族人民与明朝统治者矛盾最深，成为最早爆发农民战争的地区。

李自成雕像

1627 年（天启七年）3 月，陕西大旱，澄城知县张斗耀不顾饥民死活，仍然向农民催逼赋税。白水饥民王二组织了数百个饥民冲进县城，杀死张斗耀，揭开了明末农民战争的序幕。

精彩回放

1628 年（天启八年），各地纷纷响应王二的起义。陕西府谷王嘉胤、汉南王大梁、安塞高迎祥、延安米脂张献忠等先后举起义旗。李自成后来投入高迎祥军中。其中最有

影响的是王嘉胤义军，一度占领府谷，称王设官，建立了临时性政权。

陕北起义令明朝统治者震惊，崇祯皇帝采取剿抚兼施的策略，农民起义军几被瓦解。王嘉胤、王自用先后牺牲。为保存实力，高迎祥率领起义军从山西转入河南，再经渑池县突破黄河防线，转移到明军力量薄弱的豫西，展开了新的战斗。

起义军采取流动作战，与明军周旋在豫楚川陕交界的山区。明军不得不分兵把守要隘，陷入战线过长、兵力分散的被动局面。明将洪承畴为摆脱困境，实施重点进攻，义军连连受挫。当义军从陕西汉中突围时，遭到陕西巡抚孙传庭伏击，高迎祥被俘牺牲。

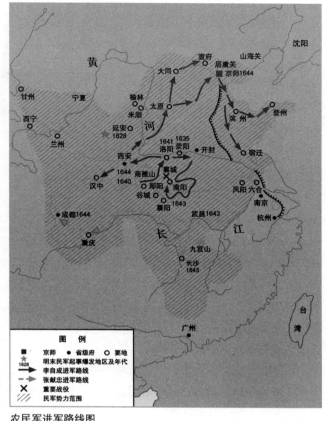

农民军进军路线图

高迎祥牺牲后，起义军分成两支主力，一支由张献忠领导，一支由李自成领导。1638年（崇祯十一年），在洪承畴优势兵力的围攻下，李自成兵败梓潼，退守岷州（今甘肃岷县）、临洮。张献忠败于南阳、麻城，最后投降明军，起义转入低潮。

1639年（崇祯十二年）5月，张献忠再次起兵，在罗山（今湖北竹山县东南）歼灭明军主力左良玉部，后转入四川，在达州战役中大获全胜，随即兵进湖北，于1641年（崇祯十四年）2月攻陷襄阳。同年1月，李自成率军进入河南，攻占洛阳，击败了福王朱常洵。起义军有了转机。

张献忠、李自成两支大军互相呼应，分别在川陕和河南战场与明军作战。1643年（崇祯十六年）5月，张献忠攻下武昌，在武昌称大西王。次年，张献忠带兵入川，8月攻陷成都，在成都称帝，改元大顺，建立大西政权；1642年（崇祯十五年），李自成转入湖广，攻下襄阳，称新顺王。此后连克承天府（今湖北钟祥）、孝感、黄州（今湖北黄冈市）

北京故宫武英殿

李自成率起义军攻克北京后，曾在这里处理日常政务。

等地，基本上摧毁了明朝在河南的精兵。

李自成攻占襄阳后，在政治上提出"均田免粮"口号以争取群众，在战术上改变过去流动作战的方针，在军制上严密军事组织，建立各种军事制度。李自成还确定了先取关中、继取山西、后占北京的策略。这一切措施为起义军推翻明朝奠定了基础，也使得起义军军威大振，势如破竹。

1643年（崇祯十六年）10月，李自成大军攻克潼关，围歼明三边总督孙传庭，11月不战而进入西安。1644年（崇祯十七年）1月，李自成建立大顺政权，把西安作为攻打北京的基地。接着，李自成亲率大军渡黄河进入山西，攻克太原，沿大同、宣府（今河北宣化县），从北面包围了北京。刘芳亮率领另一路义军渡黄河攻克山西上党（今山西长治市），分取真定（今河北正定县）、保定，从南面包围北京。3月17日，李自成从昌平进攻，北京明军溃败。19日李自成率兵进城，崇祯帝在煤山（今景山）自尽。明王朝被推翻后，李自成开始着手清除明朝残余势力。

宁远总兵吴三桂因仇恨农民军，投降了清朝。他率兵盘踞在山海关，与清军联合镇压义军，成为起义军的心腹之患。4月，李自成亲率大军攻打吴三桂，在满汉军队的联合进攻下，撤回北京。29日李自成匆忙称帝，建国号为大顺，次日退出北京，经山西平阳、韩城进入西安。

1645年（清顺治二年）2月潼关失守，李自成进入武昌。5月，在湖北通山县南九宫山遭到地主武装袭击，壮烈牺牲。1646年（顺治三年），清军由陕南入川，攻打大西军，张献忠于次年11月牺牲在凤凰山（今四川南溪县北）。

李自成、张献忠牺牲后，农民军余部继续坚持战斗。到1658年（顺治十五年），明末农民军余部完全失败。

索子甲 明
又称铁坎肩，以扁平的小铁环彼此相互套合而成，既能防刀枪，又有弹性，是当年八旗将士的重要防身装备。

策略战术

在战术上，起义军采取流动作战方式，时分时合，使明军疲于奔命；在战略上，渑池突围完成了战略转移，后又从流动作战转为阵地战，变被动为主动。

失败原因

明军：虽在数量上占优势，但督抚与武臣矛盾重重，军政腐败；军队没有战斗力，且分兵作战，在具体战役中实力不敌起义军。

起义军：进入北京后，农民军首领滋长了腐化思想；军队纪律松弛，战斗力下降。

重大意义

明末农民起义军推翻了明朝，打击了清朝，在中国农民战争史上谱写了新篇章；农民军将士表现出不怕牺牲、前仆后继的精神和坚贞不屈的气节。

军事知识

鸟铳

明朝后期对火绳枪和燧发枪的统称。由枪管、火药池、枪机、准星、枪柄等组成。使用时通过预燃的火绳扣动枪机，带动火绳点燃火药池内压实的火药，借助火药燃气的爆发力将枪管内铅弹射出，杀伤敌人。鸟铳为欧洲人发明，明嘉靖年间由鲁密（今译鲁姆，位于今土耳其）传入中国，明廷仿制。最初仿制的鸟铳为前装、滑膛、火绳枪机，为近代步枪雏形。口径约为9毫米~13毫米，枪管长1米~1.5米，全枪长1.3米~2米，重2千克~4千克。弹重3克~11克，射程150米~300米，曾为明清军队的主要轻型火器装备之一。

SHANHAI 山海关之战

GUAN ZHI ZHAN
——三军大博弈

交战双方：农民军、明军和清军

交战时间：1644 年

将帅档案：李自成（1606～1645）：字鸿基，陕西米脂人，明末农民起义军领袖；1626 年，充银川驿卒，习骑射；1630 年，李自成率众投高迎祥农民军，号闯将；高死接任闯王，继领其众；1643 年攻进西安，建"大顺"农民政权；1644 年入北京，明亡；同年在山海关被吴三桂和清军击败，退出北京；1645 年 5 月在湖北九宫山被地主武装杀害。吴三桂（1612～1678年）：辽东人，武举出身，以父荫袭职军官，明末任辽东总兵，驻守宁远；1644 年奉命弃宁远，入卫京师，不及，明亡；因父、妾为农民军所掳，拒降"大顺"政权，在山海关固守，后与关外清军勾结，击败李自成，清军入关；之后积极助清军镇压各地反清势力，封平西王；康熙时因反对削藩，起兵叛乱，不久病死。多尔衮（1612～1650）：清初军事统帅；满族，爱新觉罗氏；努尔哈赤十四子；1636 年晋封和硕睿亲王；1642 年 2 月，参加松山决战，大败明军；1643 年皇太极卒，立年幼福临为君（顺治），称摄政王，掌军政大权；1644 年 4 月，与吴三桂联合击败农民军，入关并占领北京，后以武力统一全国；功封皇父摄政王；1650 年 12 月 31 日病卒

投入兵力：农民军：约 10 万；吴三桂军：8 万；清军：约 10 万

交战结果：农民军被击败，清军入关

历史背景

明朝末年，明、清、大顺三方势力激烈角逐。尽管崇祯帝朱由检励精图治，但明朝廷已病入膏肓，在与满族八旗军和中原农民军的战争中，实力消耗殆尽。1644 年 3 月，崇祯帝调山海关外御清的吴三桂入卫京师，清军乘机占领整个辽东。吴三桂尚未抵达京城，李自成已率农民军攻克北京，明亡。4 月初，本已有降意的吴三桂闻父和妾为农民军拘禁，怒发冲冠，遂重返山海关，并暗通关外清军，拒降李自成。

精彩回放

吴三桂击走唐通，重占山海关；李自成惊怒之下，于4月12日亲率6万兵马经密云、永平直趋山海关，进攻吴三桂。21日晨，大顺军抵达山海关，李自成在关前列阵，北自山南至海，对吴三桂形成三面包围之势。

时山海关守军有吴三桂部4万、高第部1万、乡勇3万，合8万人。吴三桂自料难敌大顺军，一面署防御：将乡勇布置于关城四周的西罗城、东罗城南翼城、北翼城防守，自率关、宁（宁远）两镇兵于西罗城外的石河列阵；一面向关外清军乞兵，请求援助。清人对入关蓄谋已久，15日，正领兵在关外攻城略地的清军最高军事统帅摄政王多尔衮，行至翁后（今辽宁省阜新）时，接到吴三桂书，一时不敢相信：这天赐良机天命汗（努尔哈赤）和崇德帝（皇太极）都不曾遇到，不会有诈吧？但他分析当时形势后，打消了疑虑，立即改变行军路线，率清军日夜兼程，急驰山海关。21日夜，多尔衮率清军抵达关外15里欢喜岭上的威远城后，按兵不动，静观事态发展，坐看鹬蚌相争。

吴三桂像

李自成发现吴三桂有勾结清军的迹象，即派唐通引一拨军至一片石（山海关北），阻截吴三桂与清军联合；而后率大顺军在石河及东、北、西三面发起全线进攻，企图在清军入关前拿下山海关。

农民军自角山亘渤海，列南北长蛇阵，进攻如潮水势。吴三桂部东西驰突，农民军围开复合，双方激战一昼夜，吴军渐渐不支，农民军胜利在望。22日晨，吴三桂眼看就要失败，亲领亲信出关至威远台谒见多尔衮，剃发称臣，以明誓效忠清廷，

陈圆圆像

请求清军迅速入援。多尔衮认为时机已到，遂先在一片石打败了唐通的边外兵，随后率数万清军分三路潜入关，准备作战。

时大顺军与吴三桂军酣战正急，中午，狂风骤起，沙石横飞，李吴两军不能相辨。

多尔衮像

蓄势已久的清军铁骑在英亲王阿济格、豫亲王多铎的率领下，突然从吴军阵后杀出。已与敌人血战数十回合而趋疲惫的农民军猝不及防，阵脚大乱，刘宗敏也受伤。多尔衮见农民军阵势变乱，即命清军倾力冲杀，吴军也乘机反扑，战局急转直下。李自成登高岗观战，见清军与吴三桂势头强劲，难以遏制，只得下令撤退。清军乘胜追击，农民军战死及自相践踏而死者数万人。山海关之战以农民军的惨败而告终。

策略战术

农民军：未能及时把握战略全局，行动缓慢致贻误战机；单线进攻，重大消耗后未有预备军作补充。

清军：善于把握战争全局，利用矛盾，出击及时，集中兵力，一举获胜。

重大意义

促成清军入关并进据北京，为以后统一全国、定鼎中原奠定了基础；是大顺农民军由盛而衰的转折点，也是明末清初从反明转向抗清的开端。

山海关
昔日的震天杀伐已为今日的升平祥和所取代。

PING DING 平定三藩
SAN FAN ——剿与抚相辅相成

交战双方：清（中央）军和吴三桂等三藩军队

交战时间：1674 年～ 1681 年

将帅档案：康熙，即爱新觉罗·玄烨(1654 ～ 1723)；清圣祖，清初杰出的政治家，满族；在位曾击败噶尔丹，收复蒙疆；平定三藩，招抚台湾郑氏，维护了我国领土完整；开创了"康乾盛世"

交战结果：三藩被平定

康熙帝半身朝服像

历史背景

三藩是吴三桂、耿精忠、尚可喜，皆为降清明将，为清军入关并镇压反对势力、统一全国立下汗马功劳而封王。康熙时三藩势力强大，对中央构成严重威胁，康熙帝决定削藩。

精彩回放

1674 年 1 月，吴三桂在云南起兵反清，杀掉云南巡抚朱国治，逼死云贵总督甘火焜，由于吴三桂蓄谋已久，叛军迅速打进湖南，占领常德、衡州、长沙、岳州，声势浩大。吴三桂自称周王，天下招讨都元帅。清军抵敌不住，节节败退。不久，广西将军孙延龄、靖南王耿精忠响应吴三桂，控制广西和福建；吴三桂各地亲信也起兵呼应；陕西提督王辅臣杀清经略大臣莫洛，攻陷兰州；尚可喜子尚之信在广州叛乱，江南尽为叛军所据，清朝统治大受震动。

消息传到京师，群臣惶恐。大学士索额图提出杀掉主张撤藩的人，取消撤藩令，下

蔡毓荣南征图之一

蔡毓荣,字仁庵,汉军正白旗人。吴三桂叛乱时,康熙帝任命他为湖广总督,镇守荆州。此图描绘的是他率水军进攻洞庭湖与吴三桂叛军激战的情景。

诏安抚三藩以息事宁人。但康熙帝在此时显示出雄浑的魄力,对其他叛乱分子采用招抚拉拢的办法,暂时停撤耿、尚二藩,集中力量打击吴三桂,避免了汉初诛晁错的悲剧重演。康熙帝下令剥夺吴三桂的王爵,杀其子吴应熊于京师,以勒尔锦为宁南靖寇大将军,统率八旗军前往荆州,阻击吴三桂军于江南。

由于康熙帝处置得当,耿精忠、尚之信、王辅臣被清廷争取过来,清军将以集中兵力对付吴三桂。吴三桂失去联手,军事上陷入孤立境地,战略优势逐渐转到清军一方。康熙帝命诸军重点进攻湖南。1677年,清军从荆州江北和江西两面对吴军发动进攻,西路从江西迂回间道破袁州,又自醴陵攻萍乡,乘胜直逼长沙。吴三桂急率松滋等湖口前线驻军回援长沙,拒阻清军。清军乘叛军全力固守长沙而湖口各线守备空虚之机,自荆州渡江进攻,叛军大败,形势变得相当不利。

清军一面加强正面攻势,一面展开政治攻势,放还俘虏去叛军前线劝降。吴三桂军军心动摇,林兴珠、韩大任等重要将领降清,吴三桂遭到严重削弱。清军还分兵深入广西,扰袭叛军后方;吴三桂此时兵饷告竭,士气低落,处处被动。吴三桂为了鼓舞士气,竟于1678年在衡州称帝,国号大周,大封百官诸将。但这一举措并没有扭转叛军战略上的劣势,8月,病愁交迫的吴三桂病死,其孙吴世璠继承帝位,改元洪化,退居贵阳,湖南交由诸将守卫。清军乘势发动攻击,1679年,清军用降将林兴珠之谋,加强水师,进泊洞庭湖,断绝了岳州守敌的饷道。岳州叛军哗变,纷纷逃散,岳州收复。

岳州一丢,叛军一蹶不振,清军继续逼近,先后克夺长沙、衡州,叛军一退再退。在加强军事攻击的同时,清军还安抚诱降,康熙帝诏令"倡叛罪首只吴三桂一人,其余均属胁从,投诚者赦罪,有功者叙录"。

1680年,清军克汉中,定成都,取重庆,四川全境收复。康熙帝还处治了奉命攻打重庆

威远将军炮 清

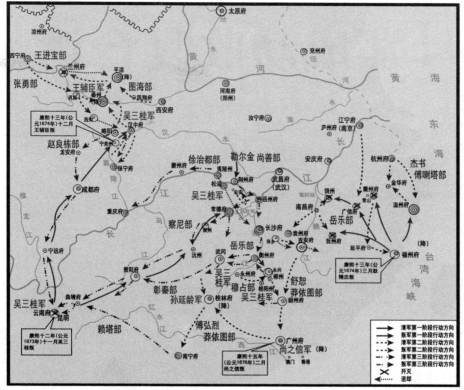

平定三藩叛乱要图

但中途退返荆州的宁南靖寇大将军勒尔锦，以彰泰为定远平寇大将军接替指挥。彰泰将军由湖南攻入云贵，1681年正月，贵州收复，清军进入云南；二月，清将赖塔军由广西也进入云南；9月，清将赵良栋也率军由川入滇。三路清军合攻昆明，云南当地的苗族人民也纷纷帮助清军平叛。10月，昆明城中粮尽援绝，南门守将开城出降。吴世璠服毒自杀，云南收复，三藩叛乱平定。

策略战术

吴军：准备充分，先发制人；清军：剿抚并用，孤立敌军；迂回包抄，正侧面攻击相辅；步步紧逼，不给敌人喘息机会。

重大意义

巩固了统一的多民族国家局势，符合了各族人民的利益和愿望，顺应了历史潮流。

扫码获取更多资源

郑成功收复台湾
ZHENG CHENG GONG SHOU FU TAI WAN

——一次成功的登陆战

交战双方：郑成功军和荷兰军队

交战时间：1661年4月至1662年2月，历时8个月

将帅档案：郑成功（1624～1662）：名森，字大木，福建南安人；明将郑芝龙长子；
受隆武帝赐姓朱，名成功，人称"国姓爷"；郑芝龙降清后，成功与父
分道扬镳，在闽粤继续抗清，实力雄厚；1661年收复台湾

投入兵力：郑军：战船400余艘，2.5万兵士；荷军：前后约两千人

交战结果：台湾回到祖国的怀抱

历史背景

台湾自古以来就是中国的领土，唐代已有汉人移居澎湖、台湾。13世纪末，元朝设澎湖巡检司辖台湾和澎湖。16世纪新航路开辟，葡萄牙、西班牙、荷兰开始海外侵掠，1624年"台湾"被荷兰强占。在大陆处境危难的郑成功决定收复台湾以作抗清基地。

精彩回放

1661年4月21日，郑成功统率2.5万大军和战舰400余艘，从金门料罗湾出发，向台湾驶去。22日晨抵澎湖，28日，郑成功留陈广率3000人守澎湖，自率大军冒雨东驰。30日晨，到达鹿耳门港外。中午，郑成功率部利用涨潮时间和浓雾的掩护，顺利通过浅窄迂回的鹿耳门水道，出现在大员湾。荷兰军队一时认为"兵自天降"，"大惊失色"，急忙纠集军队以抵抗郑军。

郑成功塑像
清军南下时，郑成功向海上发展，收复了台湾，作为抗清基地。

荷军在台湾城（今台南）有军队1000人，司令为揆一；赤崁楼有400余人，水上有两艘战船，几艘快艇、帆船，水兵数百。揆一命诸军严密防御，做好反击准备。

奇袭鹿耳门
成功袭取鹿耳门是收复台湾的前奏。

郑成功不想一来就与荷兰人兵戈相向，于是致信揆一：台湾、澎湖的居民都是中国人，自古以来中华民族就在这里繁衍生息，故理应由中国人管辖，希望贵国把军队撤走，否则后果自负。揆一拒绝了谈判撤兵的合理要求，令船舰出海攻击郑成功军。

郑成功大怒，即令陈冲率60只战船（每只有大炮2门）把敌舰分割包围，下令开炮轰击。荷水军主力舰"赫克托"号当即被击沉，余舰纷纷掉头，企图突围回港，但很快就为郑军舰队追上。郑舰利用火攻，重创荷舰，荷军另一艘战舰也被烧毁，只有部分小船逃回台湾城。通信船"马利亚"号则逃往巴达利亚（今雅加达）。5月1日，登城观察的揆一发现郑军防备松疏，立即令贝尔德上尉率240名士兵出城偷袭。郑将陈泽毫不慌张，以3000兵力正面迎敌，再拨800人迂回敌侧后，两面夹击。荷兰人大败，被歼118人，贝尔德上尉本人也中枪身亡。

揆一遭沉重打击，仍执迷不悟，第二天又派阿尔多普上尉率2000名士兵乘船出海为被困赤崁楼的荷军解围。郑成功派出号为"铁人"的特种部队截击，片刻间就消灭60名登岸敌兵。阿尔多普领教了郑成功的厉害，不敢再战，率残部逃回台湾城。荷兰军海陆两路的出击均为郑军打败，不得不收缩兵力，固守待援。郑成功断了赤崁楼荷军的外援后，即集中兵力猛攻赤崁楼。荷兰顽抗数日，弹尽粮绝，士气低落，揆一派代表谒见郑成功，要求和谈，欲施缓兵之计。郑成功识破他的诡计，要求无条件撤走荷军；揆一拒绝，郑军于是猛攻赤崁楼。台湾百姓向郑成功献计：城中水源皆赖城北高山，若塞其源，荷军数日必降。郑成功依计而行，果然城中荷军因乏水，欲降，加上敌酋描难实丁的弟弟、弟媳为郑军俘获，郑成功优待后放还，描难实丁感激，亦知郑军不虐待俘虏，遂于5月5日出城投降。所降荷军皆受到优厚款待。

赤崁楼

荷兰殖民者侵占"台湾"后修建此楼,郑成功赶走侵略军后收归国有。

赤崁楼攻下，荷兰人只剩"台湾"城一个堡垒。郑成功再次派人劝揆一投降，但揆一的回复是：只要郑成功撤出台湾，荷兰愿年年向郑纳贡。郑成功严词拒绝，于5月28日命令军队水陆两路围攻台湾城；台湾城周长277.6丈,高3丈余，分三层，城墙四角外突，设炮数十门，能以密集火力封锁四周道路，易守难攻。郑军28门大炮齐发，城墙多处被毁坏，但荷军毕竟城堡坚固，死的人不多；而荷军先进的火炮还击却使郑军遭受重创；郑成功为了保存实力，当机立断，令停止强攻，改为长期围困。5月29日，郑军后续部队6000人抵达台湾，并带来大量的粮食。郑成功兵力得到加强，粮源得到补给，立即加强修筑防栅、壕沟，配备攻城器械，牢固围城；同时，郑成功协调军民关系，整顿军队，以增强战斗力。

8月12日，荷兰巴达维亚当局派12艘快艇及725名士兵到达"台湾"；9月16日，荷军舰队在海上向郑军发起攻击，郑成功指挥水师奋起反击。激战1小时后，荷舰"克登霍夫"号被郑军火船烧毁，"科克伦"号中炮沉没，还有两艘搁浅的船舰和3艘小艇被俘获。在陆上，荷军也攻势受挫，不敢再主动攻击，只能龟缩固守。半月后，由于后援断绝，粮药不足，再加上疾病流行，军心低落，荷军战死病死达1600余人，城中只剩700余名士兵，逃亡、投降的事件时有发生。

城南小山上的乌特利支堡，战略地位十分重要，一旦丧失，则城必陷，荷军加强了该堡防御。1662年1月，郑成功在堡东南建起三座炮台，架起28门大炮；1月25日，郑成功一声令下，数千发炮弹像雨点一样落入堡中，荷军无处闪躲，退回台湾城。郑军进占乌特利支堡，缩小了对台湾城的包围。揆一见大势已去，出城投降郑成功；1662年2月1日，荷兰在投降书上签字，台湾收复。

策略战术

郑成功军：集中优势兵力消灭敌人有生力量，利用气候条件突袭敌人；断敌水源，围城战术。

重大意义

使沦为荷兰殖民地38年之久的"台湾"重回祖国的怀抱。

抗击八国联军
KANG JI BA GUO LIAN JUN
——神拳无敌引动太后发泼

交战双方：义和团、部分清军和八国联军

交战时间：1900 年 6 月至 9 月，历时 3 个月

将帅档案：曹福田(? ～ 1900)：直隶静海人（今属天津），游勇出身，义和团运动兴起后，在静海、盐山一带设坛建团，被推为团首；曾率团保卫天津，负责攻火车站，天津失陷后被清廷杀害。张德成(1846 ～ 1900)：河北新城白河沟人，出身渔民，1900 年春在独流镇建立"义和团天下第一坛"，成为当地义和团领袖；天津沦陷后被清廷杀害

使用兵器：八国联军：枪炮；义和团：大刀长矛

投入兵力：八国联军：总约 3 万人

交战结果：中方战败，义和团在中外反动势力联合绞杀下失败

历史背景

甲午中日战争的失败使清政府的腐朽软弱暴露无遗，帝国主义掀起瓜分中国的狂潮，中国人民饱受封建地主和帝国主义的压榨，纷纷起来反抗，义和团兴起并把矛头指向帝国主义侵略者，引起列强的恐慌，调大批军队来华拟发动侵略。

精彩回放

1900 年 5 月 28 日，英、美、法、日、德、意、俄、奥八个当时世界上最强大的帝国主义国家一致决定，以"保护使馆"为名，进兵北京。6 月 10 日，英海军上将西摩尔率联军 2000 多人从天津强行向北京进犯。为了阻击八国联军，义和团破坏铁路和电线，积极部署防御。

义和团团旗 清

6 月 11 日晚，八国联军乘火车抵达东大桥。2000 名手持刀矛棍棒的义和团拳民，从铁路两侧的树丛中呐喊着杀向侵略军。义和拳民冒着枪林弹雨，勇往直前，与侵略者展

向北京进犯的八国联军旧照

开肉搏战，八国联军慌忙窜回列车。12 日，八国联军头子西摩尔率军强占制高点万喜煤栈，构筑"美少年炮台"。义和团拳民在倪赞清等将领的率领下扑向侵略者。义和团拳民前仆后继，终于逼近八国联军，冲到炮台之下点燃煤栈木料杂物，用火攻击敌人。侵略军又纷纷窜回列车。义和团拳民又用火枪、火铳等武器向敌人施射。侵略者组织密集的火力反扑。义和团拳民虽然死伤惨重，但是却把洋人军队围在车站达两天之久。

13 日晨，蜗行到距廊坊车站 7.5 英里的东辛庄村的联军被迫停车，原来前方铁轨已被扒毁，洋军只得下车抢修铁路。这时，在东辛庄潜伏的大队义和团拳民和百姓突然杀出。联军猝不及防，狼狈逃走。6 月 18 日，清将董福祥率武卫后军 2000 余人，奉清廷命令进驻京津铁路沿线，和义和团一起阻击八国联军向北京推进。在廊坊车站，清军骑兵从侧翼包抄攻击侵略军，步兵和义和团民从正面冲杀。西摩尔获悉廊坊战事吃紧的消息后，急派英军、奥军、意军折返廊坊。8 月 4 日，八国联军约 1.8 万人自天津沿运河两岸向北京进发。5 日凌晨抵北仓。驻守在这里的清军将领聂士成所部，进行顽强抵抗。清军和义和团共打死打伤敌人数百名。无奈弹药用尽，只好撤退，北仓失陷，联军继续进犯。6 日，清军在杨村被联军击败，清军宋庆率残部逃至通州，直隶总督裕禄自杀。

慈禧太后把最后的赌注压在了李秉衡身上。8 月 8 日，李秉衡率"勤王师"共 1.5 万人抵河西御敌，终因武器落后，又无补给而被打败。突围出来的李秉衡含恨自杀，北京已无险可守。13 日，联军攻占通州。俄军不待休整，便于晚间向东便门发起进攻，翌日凌晨二时占领东便门。俄军又攻建国门，遭到董福祥军猛烈抵抗，伤亡甚众。14 日下午，俄军攻入内城。

日军也不甘落后，于 14 日晨攻打齐化门（即朝阳门），直到黄昏才夺取齐化门。英军乘虚攻破广渠门，抄小道进入东交民巷使馆区。法、美军队也于 14 日晚窜入城区。清军与义和团拳民坚守不退，与侵略军展开了两天的巷战，毙敌 400 余人，而清军和义和团也战死 600 多人。

8 月 15 日，八国联军进攻皇城东华门。慈禧太后急忙带着光绪帝、皇后、太监李莲英、皇储大阿哥等从西华门奔出，至德胜门经西直门逃出北京，向太原方向逃跑，一直跑到西安。北京城沦陷。

在逃亡途中，慈禧太后认为义和团已无利用价值，又欲以剿之来换取与列强议和，遂密令清军镇压义和团，轰轰烈烈的义和团失败了。

策略战术

八国联军：且战且避，保存实力，迂回包抄；义和团：正面死冲，不知机动。

重大意义

充分暴露了清政府两面三刀、帝国主义欲壑难填的真面目，清廷成为洋人的朝廷；它的失败也激励有志之士探求民族新的发展道路。

八国联军侵华总司令瓦德西
1900 年 8 月，瓦德西出任侵华总司令，以完成西摩尔未竟之罪恶使命。

临上刑场的义和团团民旧照

辛亥武昌起义

——划时代的革命

XIN HAI WU CHANG QIYI

交战双方：*武昌清军和起义军*
交战时间：1911 年（农历辛亥年）10 月 10 日
使用兵器：*步枪和大炮*
交战结果：*起义军取得胜利*

孙中山像

1912 年 1 月 1 日，中华民国南京临时政府成立，孙中山被推为临时大总统，定 1912 年为中华民国元年。

历史背景

辛亥武昌起义前夕，中国社会各种矛盾空前激化。人民群众自发的反抗斗争此起彼伏，和资产阶级革命党人连续不断的武装起义相呼应。清朝统治阶级内部也发生了分化，立宪派多数对清政府产生了离心倾向，少数开始同情或参加革命。清政府为了换取帝国主义的支持，将人民多年争得的路权收归国有，拍卖给外国，激起了各阶层人民的强烈反对，四川掀起了声势浩大的保路运动。为了扑灭革命火焰，清政府派督办粤汉、川汉铁路大臣端方率领部分湖北新军入川镇压。湖北革命党人乘机在武昌首义，点燃了武装推翻清王朝的革命烈火。

精彩回放

1911 年 9 月 14 日，在同盟会中部总会的推动下，文学社和共进会消除门户之见，联合反清，建立了统一的起义领导机关。9 月 24 日，两个革命团体召开第二次联席会议，决议在 10 月 6 日（农历八月十五日）发动起义，蒋翊武为临时总司令。

革命党人的活动引起了湖北当局的注意，并且采取了一定措施，实行全城戒严，进行大搜查，收缴士兵子弹，使枪弹分离。革命党人见清军已有准备，再加上同盟会重要领导人黄兴、宋教仁、谭人凤等人迟迟未到武汉，所以起义延期。

10月9日，孙武等配制炸弹时，不慎爆炸，俄国巡捕闻声赶来，搜去了革命党人名册、起义文告、旗帜、印信等物，并转交总督署，湖广总督瑞澂立即下令关闭四城，搜捕革命党人。

面对这场突变，蒋翊武、刘复基、彭楚藩、杨宏胜等人召开紧急会议，决定立即发动起义。蒋翊武以临时总司令的名义起草命令，派人送往各标、营革命党人手中，约定当晚12时，以南湖炮队的炮声为号，发动起义。

但是，瑞澂已于事先听到风声，派军警查抄了武昌的各个革命机关，逮捕了刘复基、彭楚藩、杨宏胜等人，蒋翊武逃离武汉。瑞澂下令杀害刘、彭、杨3人，按查获的名册搜捕革命党人。由于起义的命令未及时送到南湖炮队，10月9日晚起义的计划落空。

在群龙无首的情况下，新军中的革命党人自行联络，决定以枪声为号，在第二天晚上按原计划发难。10月10日晚，新军工程第八营的革命党人打响了起义的第一枪，夺取了中和门附近的楚望台军械库以及库内的枪支弹药，包括数万支步枪、数十门大炮和数十万发子弹。他们还陆续集合了200多人，推举左队队官吴兆麟为临时总指挥。

枪声一响，城内城外的革命党人、各标营的革命党人及其部众、炮兵营、工程队以及测绘学堂的学兵都相继起义，迅速向楚望台集中。这时，起义人数已达到近3000人，吴兆麟、熊秉坤、蔡济民等决定趁夜向总督署及紧靠督署的第八镇司令部发起进攻。

湖北都督府旧址
1911年10月12日，黎元洪就任都督，成立了湖北军政府。辛亥革命后从这里发出的《布告全国电》、《宣布满清罪状》等通电唤起全国的响应，把革命风暴推向了全国。

晚上 10 点 30 分，起义军分三路进攻督署后院、第八镇司令部和督署翼侧、督署前门。同时，已入城的炮八标占领发射阵地后，开始向督署轰炸。第一次进攻曾一度受挫，后来又有一部分起义士兵前来参战，加上炮队完全进入蛇山阵地，局势才开始好转。

晚 12 点后发动的第二次进攻异常激烈。起义军突破防线，逼近督署附近。三路义军互相配合，在炮兵火力支援下，一举冲入督署，将大堂点燃。督署和司令部守军见大势已去，降的降，散的散。10 月 11 日黎明，武昌城内各官署、城门均为起义军所控制。10 月 11 日上午，处于观望状态的清兵陆续向楚望台集中，听从革命党人指挥。

黎元洪像

十八星旗插上武昌城头，武昌起义取得胜利。

接着，汉阳、汉口的革命党人也

清帝退位诏书

闻风而动，武汉三镇均处于革命党人的控制之下。随即革命党人发表宣言，改国号为中华民国，还成立了中华民国军政府湖北都督府，强推黎元洪任都督，发表宣言号召各省起义响应。在湖北的影响下，全国 13 个省纷纷宣布独立。

1912 年 1 月 1 日，中华民国临时政府成立，孙中山任临时大总统；1912 年 2 月 12 日，清帝退位，清王朝被推翻。

策略战术
把握时机，向敌之关键部位发动进攻，使敌人没有喘息的机会。
起义爆发前，虽然起义军群龙无首，但他们仍然自行联络，发动起义。

重大意义
武昌起义是资产阶级革命党人发动和领导的一次成功的武装起义。武昌起义的成功对于辛亥革命的胜利意义重大。在武昌起义的影响下，全国范围的革命高潮很快形成，最后，清政府被推翻，结束了延续 2000 多年的封建帝制，中国进入一个崭新的阶段。

B E 北 伐 F A
——对战争要素的重新理解

交战双方：中国国民党与中国共产党领导的国民革命军和北洋军阀
交战时间：1926～1927年
投入兵力：北洋军阀：直系吴佩孚军约20万人，控制湘、鄂、豫等省和陕、冀部分地区；直系孙传芳军约20万人，盘踞赣、闽、浙、皖、苏五省；奉系张作霖军约35万人，占据东北各省和京、津等地。国民革命军：8个军10万余人（战争过程中发展到40多个军近百万人）；国民革命军组织机构：蒋介石任国民革命军总司令，下辖八个军，每军除军长外，配置党代表一人；国民革命军中从事政治工作的人员多数是中共党员和国民党左派人士
交战结果：北伐战争中途夭折

历史背景

北洋政府腐败无能，军阀割据一方。各军阀为争夺地盘，扩充实力，彼此间连年混战，致使民不聊生。打倒北洋军阀，结束封建军阀的黑暗统治，已成为中国人民的迫切要求。

精彩回放

1924年，在中国共产党的努力下，国共两党形成了统一战线。1924年1月第一次国共合作实现后，双方都为北伐战争作了努力，创建黄埔军校，建立革命军队，成立国民政府，编组国民革命军，领导全国工农革命群众运动，所有这些，都为北伐战争奠定了政治、经济、军事和群众基础。

1926年7月9日，广东国民政府领导的国民革命军

铁军牌
国民革命军第四军在北伐战争中荣获"铁军"称号。图为武汉粤桥联欢社赠给第4军的铁军牌。

黄埔军校开学典礼

1924年1月，黄埔军校正式创办，孙中山兼军校总理，蒋介石任校长，廖仲恺任党代表。在第二次讨伐陈炯明叛变的"东征"战斗中，许多黄埔学员参战，为保卫广东革命政权，稳固后方做出了贡献。黄埔军校是第一次国共合作的政治军事基础。

10万人正式出师北伐；9月17日，冯玉祥率部在绥远五原（今属内蒙古）誓师参战。

北伐军首先向军阀吴佩孚部队盘踞的湖南、湖北进军。共产党人叶挺领导的、以共产党员为骨干组成的第四军独立团是北伐先锋。北伐军主力于7月11日进入长沙，又分三路攻取湖北。8月19日，中路军发起总攻，先后攻占平江、岳阳，切断粤汉路。接着进入湖北境内作战。进入湖北后，军阀吴佩孚企图凭借汀泗桥、贺胜桥的险要地势阻止北伐军的进攻。经过浴血奋战，至8月，北伐军先后攻克武长铁路线上的军事要隘汀泗桥、咸宁、贺胜桥，击溃吴佩孚主力，并在10月10日攻占武昌。叶挺独立团战功卓著，所在的第四军获得了"铁军"称号。叶挺更是被誉为北伐名将。曹渊等一批共产党员在战斗中壮烈牺牲。接着，北伐军连下汉阳、汉口、武昌。至此，吴佩孚的主力基本被消灭，北伐军取得了两湖战役的决定性胜利。

与此同时，北伐军向江西进军。10月上旬以前，北伐军两次进攻南昌，均付出重大伤亡，被迫撤除南昌之围。11月初，北伐军对江西孙传芳部各据点发动总攻；11月8日占领九江、南昌，一举歼灭了军阀孙传芳的主力。至此，江西的北洋军阀全线溃退。

接着，北伐军出兵福建，于1926年12月间占领福建全省并乘胜追击，向浙江挺进。福建、

北伐时期的蒋介石

浙江等省的军阀也纷纷倒向北伐军，国民革命军冯玉祥部也控制了西北地区，并准备东出潼关，响应北伐军。这时北伐军已发展到 20 个军，拥有兵力 25 万人。1927 年 2 月下旬，蒋介石指挥中路军同时东进，于 3 月 24 日攻占南京。2 月底，何应钦、白崇禧指挥东路军占领了杭州及浙江全省，3 月 21 日占领松江和龙华。这期间，周恩来、罗亦农、赵世炎等领导上海工人第三次武装起义，解放了上海。至此，长江下游全由北伐军占领。

国民革命军誓师北伐仅半年时间，就取得了惊人的进展，控制了南方大部分省区。北伐过程中，中国共产党各级组织在广东、湖南、湖北等省领导工农群众积极参与运输、救护、宣传、联络等工作，为北伐胜利进军提供了有力保障。

反帝反封建的大革命的迅猛发展，严重威胁着帝国主义和大地主、大资产阶级的利益，民族资产阶级也因惧怕工农运动而动摇起来。1927 年 4 月和 7 月，蒋介石和汪精卫先后在上海和武汉发动反革命政变。在中国共产党内，由于陈独秀的右倾麻痹，对国民党右派采取妥协退让政策，无力阻止局势的逆转。至此，第一次国共合作破裂，国共两党合作进行的北伐战争夭折。

策略战术

采取集中兵力、各个击破的战略方针，首先向北洋军阀实力较为薄弱的湖南、

北伐军攻下武昌后，各界群众集会，欢迎北伐军进城。

袁世凯与北洋各将领合影

袁世凯就任临时大总统后，南京临时政府迁都北京。这标志着北洋政府统治时期的开始。图为袁世凯任临时大总统后与北洋各将领合影。

湖北进军，消灭吴佩孚军，再引兵东向，消灭孙传芳军，最后北上解决实力最雄厚的张作霖军；

发扬长驱直入、运动歼敌、穷追猛打、速战速决、英勇顽强、连续作战的作风；

审时度势，灵活运用兵力，适时改变战法，保持握有战争的主动权；

分化瓦解敌军，补充扩大自己。

重大意义

北伐战争是一场规模空前的反帝反封建的革命战争，加速了中国革命历史的进程。虽然中途夭折，但这次战争沉重地打击了北洋军阀的统治，产生了深远的影响。同时使中国共产党人认识到开展武装斗争的极端重要性，开始了创建工农红军、进行土地革命的新时期。

这次战争中途夭折的教训，使共产党人和中国人民深刻认识到建立无产阶级军队、开展武装斗争的极端重要性，从而开始走上创建中国工农红军、进行土地革命、以农村包围城市、武装夺取政权的崭新革命道路。

红军反围剿

HONG JUN FAN WEI JIAO
——游击战的示范课

交战双方：共产党军队和国民党军队

交战时间：1930年至1934年，共进行了5次反"围剿"

将帅档案：红军：毛泽东、周恩来、朱德等。国民党军队：张辉瓒、何应钦、蒋介石、陈诚

交战结果：红军四胜一负，最后被迫踏上长征之途

历史背景

1930年夏，中国工农红军经过三年游击战争，主力部队和地方武装迅速发展到约10万人，并开辟了10余块苏区。对此，国民党当局异常恐惧，蒋介石决定不惜一切代价剿灭红军。

精彩回放

1930年10月，蒋、桂、冯中原大战的硝烟尚未散尽，蒋介石便集中7个师10万人，以张辉瓒为前敌总指挥，兵分数路，对中央革命根据地进行围剿。

井冈山

井冈山革命根据地是红军反"围剿"的坚实后方，活捉张辉瓒的第一次反"围剿"就发生在这里。图为今日井冈山。

毛泽东认真分析了敌强我弱的战争形势，提出诱敌深入、积极防御的战略方针，指挥4万红军与敌周旋。12月底，红军分别以小股部队牵制东西之敌，集中兵力猛攻龙岗，

第二次反"围剿"中的红军队伍

经过激烈战斗，生俘敌总指挥张辉瓒，取得第一次反"围剿"的胜利。

1931 年初，不甘失败的蒋介石调集 18 个师 20 万兵力，以何应钦为总指挥，采取稳扎稳打、步步为营的作战方针，对中央根据地发起第二次围剿。1931 年 4 月，蒋军兵分四路，大举进攻。毛泽东根据敌之态势，确定了先打弱敌、各个击破的作战方针。5 月 16 日，等待多时的红军主力捕捉到战机，于中洞、九寸岭地区围歼敌王金钰部；接着由西向东横扫，先后取得白沙、中村、广昌、建宁之战的胜利。在半个月的时间内，红军转战 700 余里，五战五捷，歼敌 3 万，干脆利落地打破了敌人的"围剿"。

1931 年 6 月，蒋介石调集 30 万大军，自任总司令，采取长驱直入、寻找红军主力决战的方针，对中央根据地发起第三次围剿。红军采取诱敌深入、避敌主力、先打弱敌的方针。7 月底，红军千里转移到赣南兴国，诱敌西进，巧妙跳出敌围，在敌人后方取得三战三捷的胜利。敌主力掉头东进，企图决战，红军主力又从敌军间隙回师兴国修正。东进之敌奔忙半月方知红军主力已经西去。此时，敌军已疲惫不堪，无力再战，9 月初开始退却。红军乘胜追袭，三战二胜，歼敌 3 万。

1933 年初，经过一年多的精心准备，蒋介石调集 50 万大军，以陈诚为总司令，部署三路大军，分进合击，对中央根据地再度围剿。红军集结兵力，由周恩来、朱德统一指挥。2 月中旬，红军进袭南丰，敌坚城固守，援军四聚。红军主力撤退，以一部佯装主力，退向黎川诱敌，而主力却集结于东韶、洛口。2 月底，于黄陂以大兵团伏击歼灭孤立之敌两个师。后以一部下广昌，再施诱敌之计，待敌兵力分散之时集结主力打击敌人。经黄陂、草台冈两战，歼敌三个师，取得第四次反"围剿"的胜利。

1933 年秋，蒋介石调整百万大军，以持久战和堡垒战为方针，对红军实施第五次围剿。而排挤了毛泽东的中共中央，放弃了以往的作战方针，消极防御，与敌人优势兵力打阵地战，致使兵力分散。从 1933 年 9 月到 1934 年 3 月红军虽作战英勇，但未取得任何战果。1934 年 4 月，红军与敌会战广昌，遭到重大挫折。之后，在敌人之包围圈内转战，根据地不断缩小，最终失去回旋制胜的时间与空间，被迫实施大规模的军事转移，第五次反"围剿"以失败而告终。

策略战术

红军——战略：前四次积极防御，后一消极防御。

战术：游击战、运动战、大兵团伏击战相结合；诱敌深入、集中优势兵力各个击破。

国民党军队——战略：以巨大的优势持续不断地进攻。

1933 年 2 月至 3 月，红一方面军在周恩来、朱德指挥下，取得第四次反"围剿"的胜利。图为红一方面军部分干部 1933 年在福建建宁合影（左一叶剑英，左三彭德怀，左七周恩来）。

战术：步步为营，分进合击，寻找主力决战；全面封锁的堡垒战术。

重大意义

在五次反"围剿"中，红军积累了游击战、运动战的丰富经验，同时也证明了毛泽东政治、军事思想的正确，虽然第五次反"围剿"因右倾机会主义的干扰遭到重大挫折，红军被迫长征，但中共最终找到了胜利的革命路线与军事策略。

1936 年 10 月，红一、红二、红四方面军在甘肃会宁胜利会师，红军长征宣告结束。图为油画《三大主力会师》。

淞沪会战
SONG HU HUI ZHAN
——军事装备对战争的决定性影响

交战双方：中国军队和日本侵略军队
交战时间：1937年8月13日至11月12日
将帅档案：松井石根（1878～1948）：日本陆军上将，甲级战犯，南京大屠杀的罪魁祸首，历任日驻上海武官、驻台武官，华中方面军司令长官
交战结果：上海失守

日军以演习为名向卢沟桥地区的中国驻军进行袭击。图为日军炮轰宛平县城，拉开了全面侵华战争的序幕。

历史背景

七七卢沟桥事变爆发后，日军在华北扩大战争的同时，又积极筹划攻打上海。日军煞费心机制造侵略借口，1937年8月9日，日海军陆战队两兵驱车闯入我虹桥机场挑衅，被保安击毙，日军借口要挟中国撤除沪防御工事，遭到拒绝后发动战争。

精彩回放

1937年8月13日，日军海军陆战队向上海拂山路、八字桥发动进攻，被国民党军第88师击退。国民党军张治中部第9集团军于14日拂晓对日军发起反击。同时国民党军派空军前来助战，击落日机3架，击伤一架。15日，日军统帅部组建上海派遣队，以松井石根为司令，并调第3、第11师至沪。15至20日，国民党空军在京沪上空共击落日机42架。国民党军第9集团军从15日起不断进攻日军，第87师攻占日海军俱乐部，第88师攻入日坎山阵地，第36师于21日攻入汇山码头。22日，日上海派遣军开始在

"八·一三"事变中，日本海军陆战队越过边防线进入中国守区。

杨树浦附近登陆。张治中部侧翼受到威胁，反击行动遂告中止。

8月23日，日军第3师、第11师在长江南岸吴淞等地强行登陆。蒋介石派陈诚负责上海防务，并调3个军加强上海防御。

日军第3师主力在张华浜附近登陆时，张治中部警察总队奋起反抗，但势单力弱，渐趋不支。张治中忙调第87、第36师增援，挫败了日军进攻。日军第11师23日在川河口、石洞口登陆，随即攻占狮子林炮台，并分兵攻浏河、宝山。陈诚闻讯，率第18军、第54军赶来实施反击，当晚收复宝山、狮子林。松井石根为连接并扩大第3、第11师的登陆面积，9月1日命两师从狮子林和吴淞两面夹击宝山。守卫宝山的姚子青率领第18军多次击退日军，坚守阵地至7日。日军以战车堵住城门，集中海陆空火力轰射，全城燃起大火，该部官兵全部壮烈殉国。

9月10日，日军已将两块登陆场连成一片。国民党军第15集团军予敌重大打击后，自身也伤亡较大，于13日奉命撤出阵地。第9集团军奉命放弃宁沪铁路以东大片地区，至17日，中日两军对峙于北站、庙行、浏河一线。

21日，兼任第三战区司令的蒋介石调整作战部署：以第9集团军为中央军，朱诏良任总司令，屯于北站以西；以张发奎第8、10集团军为右翼屯于苏州河以

中国军队在战壕中抗击日军进攻

淞沪抗战中，中国军队得到民众支持。图为张治中将军（左一）接见只身泗水护送国旗给中国守军的杨慧敏女士。

上海一些地区在战争中被日机炸成废墟。

南，以陈诚第15、19集团军为左翼屯罗店、广福地区。9月中下旬，日军新增调第9、13、101师至沪作战。

10月1日，日军向大场、南翔发动进攻，15日突破蕴藻浜。蒋介石急调第21集团10个师支援中央军，但是均未突破日军阵地。22日，日军突破在庙行和陈家行之间的守军阵地，26日攻占庙行和大场。苏北中央军于27日放弃阵地转移。第88师第524团团长谢晋元率第一营官兵坚守苏北四行仓库，孤军奋战四昼夜后，于31日奉命退入公共租界。

早在10月20日，日军就组建了第10集团军援沪。11月5日，日军第6、18、114师突然在金山卫登陆，策应上海派遣军迂回包抄国民党军。当时驻守杭州湾北岸的国民党军，大部已被调往上海作战，只有少数兵力驻扎。日军占领沿海地段后，以第6师攻松江，第18师进攻金山和广陈。蒋介石急调第62、79师分别阻击日军，均被击退。6日，日军占领金山。

7日，日第10集团军和日上海派遣军合编为华中方面军，由松井石根统一指挥。上海守军处于被日军合围之中。蒋介石不愿发生被围歼的悲剧，8日下令全线撤退。11月12日，上海失守，淞沪战役结束。

策略战术

国民党军队：固守力战；先发制人。

日军：迂回包抄，合围敌人；协同作战。

重大意义

打破了日军三日灭亡中国的美梦；暴露了中国军队武器、战术落后造成的战争劣势；为沿海工业内迁赢得了时间。

徐州会战

—— 对消耗战的诠释

交战双方：中国国民党军队和日本军队

交战时间：1937 年 12 月至 1938 年 4 月

将帅档案：李宗仁 (1891 ~ 1969)：广西临桂人，字德邻，爱国人士，军事家，国民党陆军一级上将，曾任国民政府代总统；1910 年加入中国同盟会，曾参加护国战争、护法战争，后为桂系首脑；抗日战争中任第五战区司令，在台儿庄大败日军

投入兵力：日军：8 万；我军：数十万

交战结果：歼灭日军 2 万余人

历史背景

1937 年 7 月 7 日，抗日战争全面爆发。由于日本军蓄谋已久，且武器装备精良，国民党军队节节败退，日军攻占华北，随即南下，攻陷南京，制造了"南京大屠杀"。为打通津浦路，日军把攻击目标转向徐州。

精彩回放

1937 年 12 月中旬，日军 8 个师先后自镇江、南京、芜湖渡江北上，直逼蚌埠。国民党李品仙和于学忠率军利用有利地形，阻截日军于明光南达一月之久。敌酋火田俊六恼羞成怒，自南京调集重援及坦克、野战炮等重武器，倾巢来犯。李宗仁为了保存实力，命李、于二军南撤至淮河北岸，凭险拒敌，使日军扑了一个空。李宗仁采取敌进我退、敌退我进的战术与敌人周旋，牢牢盯住津浦线；日军也不敢随意北犯，双方呈现胶着状态。

李宗仁指挥台儿庄战役时的留影

国民政府军第三集团军总司令韩复榘惧日锋芒，擅自放弃山东，致使津浦北段门户

台儿庄大战中，中国军队发起攻击。

大开，日军趁机沿铁路长驱南下，使李宗仁陷入被动。李宗仁令韩复榘夺回泰安，韩对命令置若罔闻，最后被蒋介石枪毙。为确保徐州安全，李宗仁命孙桐萱部北袭济宁、汶上等日军据点，以牵制敌军主力。但是，终因损失惨重而于1938年2月17日撤回运河西岸。2月25日，日军突破杏花村守军阵地。守军被迫撤至羊山集、巨野一线。由于李宗仁在这一线布置大量兵力，不断侧击南下之敌，迟滞了敌人的南进。日军于是改变策略，由少壮派军人板垣征四郎、矶谷廉介率两个师团向徐州门户台儿庄扑来。

1938的2月，中日双方军队在临沂、藤县展开激战，拉开了台儿庄会战的序幕。2月下旬，临沂告急。为保全这一军事重镇，李宗仁命庞炳勋军驰救临沂。庞军的来援令日军攻势锐减。日军付出重大伤亡也未能拿下临沂。3月11日，李宗仁又调张自忠军由藤县增援临沂。张自忠的第59军一到，庞、张二军迅速转入反攻。3月17日晚，日军缩回莒县城固守。

3月15日，日另外一支兵团矶谷军对藤县发起攻击。面对日军数十架飞机、30门大炮的狂轰滥炸，王铭章军毫无惧色，踞城死守。李宗仁见藤县危急，调汤恩伯军驰援，但汤行动缓慢，未能及时赶到，17日藤县被日军攻占。矶谷兵团趁势于20日再克郊县，沿台枣支线直逼台儿庄。李宗仁令最善防守的孙连仲部3个师沿运河布防，扼守台儿庄正面阵地。李宗仁决定设圈套诱其深入。他令汤恩伯军2个师作为诱敌军，引4万日军深入，然后与孙连仲军一起将其围歼于台儿庄。矶谷本人率残部拼死突围而去。日军此战被歼2万人，损失辎重无数，台儿庄会战以中国军队的胜利而告终。

策略战术
李宗仁军：诱敌深入，围而歼之；敌进我退，敌退我进；避实就虚，保存实力。
日军：迂回侧击，以优势兵力集中突破。

重大意义
重创日军精锐；极大地振奋了全国人民抗日的士气；沉重地打击了日本帝国主义亡我中华的野心和气焰，为抗日战争的最终胜利创造了一定的条件。

百团大战

BAI TUAN DA ZHAN

——中外战争史上光辉的一页

交战双方：八路军和日本侵略军

交战时间：1940 年 8 月 20 日～1941 年 1 月 24 日

投入兵力：八路军：计晋察冀军区 39 个团、第 129 师 46 个团、第 120 师（含决死队第 2、第 4 纵队等）20 个团，共 105 个团 20 余万人，还有许多地方游击队和民兵参加作战。日军：3 个师的全部、2 个师的各 2 个团、5 个独立混成旅全部、4 个独立混成旅的各 2 个营、1 个骑兵旅的 2 个营，共 20 余万人，另有飞机 150 架和伪军约 15 万人

交战结果：共作战 1824 次，八路军毙伤日军 2 万余人、伪军 5000 余人，俘日军 280 余人、伪军 1.8 万余人，拔除据点 2900 多个，破坏铁路 470 余公里、公路 1500 余公里，缴获各种炮 50 余门、各种枪 5800 余支（挺）；八路军也付出了伤亡 1.7 万余人的代价

历史背景

1940 年春天以后，日军对抗日根据地实行"囚笼政策"、"三光政策"。面对严酷的现实，在华北前线指挥作战的八路军副总司令彭德怀决定给日寇来一个以牙还牙。八路军在华北地区使用 105 个团的兵力，向日军占领的交通线和据点发动大规模进攻战役。

精彩回放

1940 年 8 月 20 日，按照八路军总部的统一部署，晋察冀军区部队在司令员兼政治委员聂荣臻的指挥下，以破击战为主，集中兵力破击日军的公路交通线。

8 月 20 日晚，随着一颗颗红色信号弹腾空而起，八路军各路突击部队如猛虎下山，扑向敌人的车站和据点。

八路军副总司令彭德怀在前线指挥百团大战

百团大战第二阶段涞（源）灵（丘）战役中，全歼日伪军1600多人。图为八路军战士在长城古堡上欢呼胜利的情景。

一夜之间，从榆次到石家庄的所有据点、桥梁、隧道、车站都被摧毁，铁轨被扒走，敌人的交通陷入瘫痪，同时歼日伪军7600余人，第一阶段战役结束。

9月16日，八路军总部发出了第二阶段的作战命令——扩大第一阶段战果，以攻坚战作为主要作战形式，继续破坏敌人交通，摧毁交通线两侧和深入根据地的某些日军据点。

9月23日至29日，第129师第385、386旅全部和决死队第1纵队的两个团，发起榆（社）辽（县）战役，共歼灭日伪军千余人，收复榆社县城。第129师所属冀南军区以12个团的兵力，歼灭日伪军1700余人，破击了正在修建中的德石铁路和邯济铁路。

9月22日至10月初，晋察冀军区集中2万余兵力，发起涞（源）灵（丘）战役，歼灭日伪军1600余人。第120师部队配合涞灵、榆辽地区作战，对同蒲铁路北段进行新的破击，再度断绝了该线交通。

10月1日至20日，晋察冀军区所属冀中部队集中8500余人，发起任（丘）河（间）大（城）肃（宁）战役，攻克据点29处，破坏公路150公里。

日军受到重创后，急忙抽调兵力对根据地进行报复性"扫荡"。八路军总部及时下达反"扫荡"作战计划，要求各部队坚决消灭一两路进攻之敌。战役进入第三阶段，由破击战转入反"扫荡"作战。

晋东南地区——10月6日，日军纠集万余人"扫荡"太行根据地，企图包围消灭第129师主力及八路军总部机关。第129师先后在张家沟、关家垴等地重创日军。11月14日，日军被迫撤退。

11月17日，日军又派出7000余人"扫荡"太岳根据地，第129师主力跳出合围圈，歼灭日军300余人。12月5日，日军被迫返回据点。

10月13日，日军纠集1万多人，对平西（今北京西）抗日根据地进行"扫荡"。10月26日，日军冈崎大队500多人被游击队引入太行山区，八路军对日军实施包围，经过一场短兵相接的肉搏战，日军死伤过半。冈崎见势不妙，乘着硝烟慌忙逃跑，被我八路军战士击毙在马背上。

百团大战中八路军占领娘子关

11月9日，日军又集中万余人"扫荡"北岳根据地，并占领晋察冀军区领导机关所在地阜平。平西和北岳两区部队采取内外线结合的办法，打击进犯日军，11月25日，日军撤退。晋察冀军区部队继续向侵占阜平等地的日军发动进攻，歼其500余人。1941年1月1日收复该城。

晋西北地区——12月14日，日军调集2万多人，以兴（县）临（县）和岢（岚）静（乐）地区为重点，实行全区性的大"扫荡"。第120师一面以部分兵力与民兵开展游击战，一面集中主力破击日军后方交通线，攻击敌修路队和运输队，歼灭日伪军2800余人。 1941年1月下旬，日军退回原驻地。

百团大战令日军损失惨重，气急败坏的他们遂对中国人民实行惨无人道的"三光政策"。图为阜平县羊和门村被日军烧毁的景象。

策略战术
八路军：破击战、攻坚战、反"扫荡"。

重大意义
百团大战沉重地打击了侵华日军，极大地鼓舞了全国人民夺取抗战胜利的信心，提高了中国共产党和八路军的声望；百团大战将大量日军牵制在华北敌后战场，减轻了日军对国民党正面战场的压力，对国民党当局的投降妥协倾向起了抑制作用。不仅如此，百团大战还策应了西欧战场的抗德战争，迟滞了日军南进步伐，为英美对日备战赢得了时间。百团大战在中国抗日战争史上写下了光辉的一页。

LIAO SHEN
辽沈战役
ZHAN YI
——大规模的歼灭战

交战双方：解放军第四野战军和国民党军队

交战时间：1948 年 9 月 12 日至 10 月 28 日

将帅档案：林彪(1907～1971)：原名林育容，共产党高级将领，卓越的军事家，红军名将；黄埔军校第四期毕业生，1925 年加入中国共产党，参加过北伐战争，后任红一军团营长、军团长，红一方面军总指挥；抗日战争中任八路军 115 师师长，取得平型关大捷；解放战争中任东北野战军（四野）司令，指挥辽沈、平津战役，后在华中剿灭白崇禧集团，解放湖广；1971年乘机叛逃，摔死在蒙古温都尔汗

投入兵力：解放军：100 余万；国民党军：55 万

交战结果：国民党军队被歼，东北全境解放

历史背景

东北人民解放军经过艰苦奋战，到 1948 年仲夏，控制了东北 97% 的土地和 86% 的人口，已从根本上改变了东北战局。解放军兵力也发展到 100 余万，并且配备有当时最先进的武器。国民党军东北"剿匪"总司令卫立煌所部遭到人民解放军连续打击后，其总兵力虽然尚有 4 个兵团 14 个军 44 个师（旅），加上地方保安团队共约 55 万人，但被分割、压缩在沈阳、长春、锦州三个互不相连的孤立地区内。整个形势表明，东北战场作战双方的力量对比已发生了根本变化，有利于人民解放军的决战条件已经成熟。据此，中国共产党中央革命军事委员会主席毛泽东决定在东北战场上同卫立煌集团首先展开决战。

精彩回放

面对战争形势的变化，蒋介石很是忧虑，曾考虑把长春、沈阳的兵力调到锦州，伺机转战于华北、华东战场。但如果那样，就得放弃东北，又必然会在政治、经济上造成严重的后果。于是国民党军统帅部和卫立煌决定采取集中兵力、重点守备的方针，企图

1948年，蒋介石亲赴沈阳督战。

保住现有占领区，以支撑全国战局；一旦形势不利，再经北宁线（北平至沈阳）从陆上或营口海上撤退。

针对国民党方面的部署，毛泽东当即决定：东北野战军主力南下，作战重心放在锦州，封住长春、沈阳敌人的出口；在打锦州时，如有沈阳之敌来援，则就地歼灭。

1948年9月12日，东北解放军对锦州至山海关段铁路发起攻击。锦州是山海关内外陆上交通的咽喉，战略地位至关重要，蒋介石接到东北剿总副司令范汉杰的告急电后，即从南京飞至沈阳；经过精心策划，决定集中22个师，组成东、西两个兵团，分别从锦西、沈阳出动，夹攻围锦解放军。

东北野战军司令林彪决定趁敌人援兵到来之前迅速拿下锦州。他集中5个纵队16个师的优势兵力，从东、南、北三个方向猛攻锦州。扫清外围后，10月14日10时，又发起总攻，激战一天一夜，终于攻克锦州，歼敌10万人。

早在10月1日，人民解放军即已攻克锦北屏障义县和锦南高桥、塔山、兴城。在主力猛攻锦州城的同时，这里担任阻击敌援任务的解放军进行了艰苦的防御作战，尤其是塔山阻击战，战士浴血奋战6个日夜，打退敌"东进兵团"数十次的猛攻，保住了阵地，为攻克锦州赢得了时间。

锦州解放后，国民党处境危急。蒋介石严令东北"剿匪"副总司令郑洞国率部向沈阳突围。郑还未来得及行动，部下第60军军长曾泽生率部起义，突围计划破产。19日，

1948年10月14日，解放军对锦州发起总攻。图为东北野战军炮兵部队以强大火力摧毁敌人锦州城防工事。

第7军军长李鸿向解放军投降。郑洞国之长春守军已完全陷入绝境，无奈之下，21日，郑洞国率军投降，长春和平解放。

与此同时，国民党"西进兵团"司令官廖耀湘正由彰武南下，企图与"东进兵团"配合，重占锦州，掩护沈阳国民党军队沿铁路线撤入关内。蒋介石这一步棋正中毛泽东下怀，毛泽东电令林彪：蒋军南下寻战正符合我军歼敌有生力量战略，你们可诱敌深入，全歼廖耀湘兵团。10月21日，正当廖军在黑山、大虎山和我军激战时，刚克锦州的东北野战军已转锋北向，对廖形成合围之势。廖耀湘忙撤攻黑山援兵，并向营口退走，企图从海上南逃，但被封死，只得分成两股向沈阳突围。由于来回调动，廖耀湘部队陷入一片混乱。10月26日，林彪指挥东北野战军对被包围的国民党军队展开围歼战。至28日5时，歼灭该兵团5个军12个师10万多人，其中包括蒋军精锐第1、第6军，辽沈战役胜利结束。

策略战术

解放军：关门捉贼，围歼战术；集中兵力歼灭敌有生力量；围城打援。

重大意义

解放了全东北，为平津战役和解放全国创造了有利条件；围歼战术深入灵活运用。

1948年10月17日，困守长春的国民党第60军军长曾泽生率部倒戈。人民解放军长春前线司令员萧劲光（中）、政治委员萧华（左）接见曾泽生（右）。

HUAIHAI

淮海战役

——空前的大兵团运动战

ZHANYI

交战双方： 解放军和国民党军队

交战时间： 1948 年 11 月 6 日至 1949 年 1 月 10 日，历时 66 天

将帅档案： 粟裕(1907 ~ 1984)：中国人民解放军名将，军事家，1955 年十大将之首，湖南
会同人，曾任新四军第一师师长、政委、华中野战军司令，曾指挥苏中战役、
豫东战役、淮海战役。刘伯承(1892 ~ 1986)：中国人民解放军名将，军事统帅，
1955 年十大元帅中列第四，四川开县人；曾参加护国战争，任南昌起义参谋
长；抗战中任八路军 129 师师长，参加百团大战；解放战争中中原野战军司
令，曾指挥淮海战役、渡江战役。杜聿明(1904 ~ 1981)：首期黄埔军校学员，在
东征陈炯明战争中脱颖而出，历任营、师、军长直至中将司令；抗日战争中
在桂南昆仑关重创日"钢军"第五师团，歼敌 4000 人；1948 年作为国民党
"剿总"副司令指挥淮海战役，失败被俘，新中国成立后曾当选全国政协委员

投入兵力： 解放军 60 万，国民党军队 80 万

交战结果： 长江下游以北为共产党控制

历史背景

　　以徐州为中心的淮海地区，位于江苏、安徽、山东、河南四省交界处，属黄淮平原，
介于黄河、长江之间。这一地区地形开阔，村庄稠密，津浦、陇海两大铁路纵横其间，
公路四通八达，利于大兵团机动作战。可以说，掌握了徐州和淮河以北的平原地区，也
就控制了长江以北，其战略地位异常重要，自古以来就是兵家必争之地。蒋介石丢失东
北后，为阻止解放军南下，在此地屯驻重兵。根据全国战局的发展和中原、华东战场的
敌情变化，1948 年 11 月 1 日，中国共产党中央军委确定由陈毅、邓小平统一指挥中原
野战军与华东野战军进行淮海战役。

精彩回放

　　1948 年 9 月 24 日，粟裕向中央请示发动淮海战役，毛泽东当即表示赞成，并做出

1948 年 11 月，淮海战役中，杜聿明部放弃徐州，向永城方向逃窜。图为人民解放军向西追歼逃敌。

重要指示：中间突破，分割歼敌，将淮海战役变为战略性决战。10 月 22 日，中原野战军主力克郑州，24 日克开封，东进直趋淮海一带。华东野战军主力继续追歼刘汝明部，尔后与中原野战军合逼徐蚌线。

国民党方面匆忙采取应对措施：白崇禧为华中"剿总"，率军 23 万防御长江中游，屏障华南；刘峙为徐州"剿总"，率 60 万人防御淮海地区；黄百韬、李弥、邱清泉、李延年、刘汝明等诸兵团排成"一字长蛇阵"，欲与共军决一雌雄。

粟裕根据毛泽东"中间突破"的指令，集中兵力围歼黄百韬部。他遣兵屯驻运河以东阵地防止李弥兵团东援；派许世友率 3 个纵队去切断陇海线，防止徐州之敌援黄；又派两个纵队与中原野战军主力协作钳制住邱清泉的第 2 兵团。

11 月 5 日，蒋介石决定以津浦路徐蚌段为轴线，将刘峙集团主力收缩到铁路两侧，以防御共军南犯，确保南京的北面屏障——徐州，实在守不住就退往南京。蒋介石还调原属白崇禧的黄维兵团增援徐蚌前线，同时派出作战飞机 126 架、运输机 32 架助战。11月 6 日，刘峙奉令收缩防线，黄百韬尚意识不到问题严重性，未能和李弥兵团靠拢。

11 月 6 日夜，粟裕发起淮海战役，直扑黄百韬兵团，华野主力疾进陇海路。第 6 纵队首先歼灭了码头镇敌军；第 7、第 10 纵队于 8 日突破了运河防线，国民党第 3 绥靖区副司令何基沣、张克侠率所部第 59 军和第 77 军两万多人在贾汪、台儿庄起义；山东兵团 3 个纵队迅速南下,直插徐州东侧。

刘峙惊恐万分,急令邱清泉、李弥率部向徐州回缩,加强徐州防御。刘峙这步棋正迎合了解放军围歼黄百韬的战略意图。11 月 10 日晚,山东兵团 3 个纵队攻占大许家和曹人集等地,迎头截住了西撤的黄百韬兵团。11 月 11 日,华东野战军将黄军合围在纵横不过 10 余公里的碾庄圩窄小地区。

此时,刘伯承已指挥中原野战军打响徐蚌会战。针对国民党军的"长蛇阵",刘伯承采取"夹其额,揪其尾,断其腰"的战法:钳邱清泉,而后西逼徐州,夹"蛇额";攻宿县,斩"蛇腰";以陕南军团第 12 旅侧击黄维兵团,紧紧揪住"蛇尾"。12 日,陈锡联第三纵队攻克宿县,徐蚌段被拦腰截断,将刘峙集团分为南北两部分。

蒋介石闻黄百韬被围,于 11 月 10 日调杜聿明到徐州,任"剿总"副司令,为黄解围。刘峙马上把指挥权交给了杜聿明。杜聿明立即派邱、李沿陇海线东进,救援黄百韬。粟裕闻讯,即遣 3 个纵队正面阻击邱、李军队,以 5 个纵队从徐州东南侧击配合。邱、李两兵团在解放军的顽强阻击下,只前进 20 公里。与此同时,粟裕又遣 6 个纵队的兵力打响了围歼战。黄百韬奋力抵抗,但是阵地却一天天缩小。

11 月 19 日,华东野战军对黄百韬军发起总攻,至 22 日,黄军 10 万余人全军覆没,黄百韬举枪自杀。邱、李闻知黄已被歼,立即回防徐州。只有黄维自恃所部第 12 兵团是国民党"王牌"部队,继续向宿县推进。粟裕鉴于黄维求战心切,孤军突出,决定集中兵力打掉黄维。11 月 23 日,黄维率军攻南坪,中原野战军第 4 纵队激战一天后,奉命放弃南坪,诱黄维北渡浍河。黄维不知是计,挥军急追,于 24 日渡过浍河,陷入解放军预设的"袋形阵"。黄维发现不妙,忙回撤浍河南岸,企图与李延年会合,但为时已晚,中野 7 个纵队全线出击,将黄维兵团围在宿县南的双堆集。12 月 6 日,解放军从各个方向对黄维发起总攻。15 日,黄维军被全歼。

杜聿明为了救黄维,决定放弃徐州。粟裕早预见杜聿明可能撤离徐州,于是以华东野战军的一部分参与围歼黄维,华野主力驻徐宿线西侧,阻击杜聿明撤逃。11 月 30 日,杜聿明率邱、李和孙元良 3 个兵

淮海战役总前敌委员会成员合影。右起:谭震林、陈毅、刘伯承、邓小平、粟裕。

团25个师撤离徐州，以"滚筒战术"逐次掩护，向永城方向滚进。由于蒋介石的干涉，杜聿明被迫停止撤退，转而去救黄维兵团。12月4日，杜聿明采取"三面掩护、一面攻击，逐次跃进"的战术，向濉溪口方向发动攻击。而华野各纵队则采取"三面攻击，一面堵截"的战法，合围杜聿明军队于永城东北。杜救黄不成，自己反被包围。

1949年1月2日，粟裕对杜军发起总攻，激战一周。至10日10时，杜聿明集团被全部歼灭。

策略战术

解放军：及时掌握利用敌情，果断决策，灵活运战；诱敌深入，围而歼之。

重大意义

解放了长江中下游以北广大地区；使国民党军精锐丧失殆尽；加速了解放战争胜利的进程。

1948年11月6日，解放军在徐州碾庄地区围歼国民党黄韬兵团的战争打响。图为解放军华东野战军在突破碾庄外壕。

1948年12月6日，中原野战军在华东野战军一部的配合下，向黄维兵团发起总攻。图为被毁的黄维兵团的汽车防线。

平津战役

PINGJIN
ZHAN YI

——不战而屈人之兵

交战双方：国民党傅作义、陈长捷军和共产党林彪、罗荣桓、聂荣臻东北、华北野战军

交战时间：1948 年 11 月底至 1949 年 1 月 31 日，历时 64 天

将帅档案：罗荣桓 (1902 ~ 1963)：湖南衡山人，1927 年参加秋收起义；历任中国工农红军第四军政委、115 师政委、四野政委；1955 年被授予元帅军衔。傅作义：字宜生，山西荣河人，国民党高级将领，早年参加辛亥革命，1917 年保定军官学校毕业后在阎锡山晋军任职，1927 年参加北伐，1930 年参加中原大战，1936 年取得抗日百灵庙大捷，新中国成立后任水利部长

投入兵力：国民党军：55 万人；解放军：100 万人

交战结果：华北敌军或降或被和平改编，平津解放

历史背景

辽沈战役结束后，东北全境获得解放，强大的东北野战军已成为战略机动力量，随时都可参与其他任何战场作战。华北"剿总"傅作义集团正面临着东北、华北两大野战军的联合打击，是坚守还是撤退，举棋不定。由于考虑到美、蒋、傅之间的矛盾，傅作义最后决定守卫平津，以视时局变化。

1948 年 11 月中旬，淮海战役已经发起，中央军委判断傅作义所部有可能将其全部或一部海运至江南，这样势必增加下一步作战的困难。于是军委决定：应抑留傅作义集团于华北地区就地歼灭；东北野战军提前入关，会同华北军区部队共百万人发起平津战役。

1948 年 12 月 24 日，国民党桂系首领白崇禧致电蒋介石，打出"和谈"旗帜。在他的带动下，国民党湖北省参议会、河南和湖南省政府主席要求蒋介石下野。

精彩回放

华北"剿总"傅作义错误地认为刚打完辽沈战役的

第四野战军必然要作休整，估计得 3 个月以后才能入关，于是决定部署防御工事，固守平津。他将所辖四兵团 12 个军 55 万人，收缩在以北平、天津为中心、东起唐山西至张家口长达 1000 余里的铁路线上，宛若"一字长蛇阵"。傅作义固守华北正符合我军将敌人分割包围、歼灭敌有生力量的战略需要，因此，中共中央军委决定调东北野战军入关，与华北野战军配合，歼灭敌人于华北地区。但为了不使敌人逃窜，毛泽东决定：先撤围回馈，缓攻太原，让傅认为有逃窜余地。同时，令林彪的东北野战军于 11 月底迅速秘密入关。林彪军队入关后直指张家口，目的在于让傅作义分平津兵援救张家口，尔后切断京张铁路，将华北敌军分割包围在两个圈内便于歼灭。蒋介石不愿意傅作义分平津兵力援救张家口，遂令其固守平津，守不住时向南撤退。但傅作义不愿南逃，那样的话所部就会被蒋介石改编，自己将不再有实权。所以，他要力保张家口不失，以便平津守不住时西撤，回到自己的基地绥远，独霸一方。因此他急调第 35 军 3 个师增援张家口，我军马上做出反应，切断绥京路；同时，东北野战军先遣队第 8 纵队于 12 月 5 日，在行进途中歼灭了密云敌人一个师。傅作义这才知道东北野战军已经入关，惊慌之下，他认为解放军下一步就要进攻北平，即调 35 军回返北京，并把通县、泳州的军队全部调到京郊以严密防卫北平。敌人这一收缩行动，反而给解放军包围敌人提供了方便。

　　12 月 6 日，敌 35 军两个师从张家口突出我军包围，向东驰进，8 日被我华北第 2 兵团包围在新保安地区。10 日、11 日，敌 16 军主力和 104 军主力在康庄、怀来地区被东北野战军两纵队歼灭，敌西逃之路被彻底切断。华北敌军被围困在张家口、新保安、平津三地。为了防止敌人从海上逃窜，林彪、罗荣桓决定尽快完成对平津塘的封锁，于是对张家口、新保安之敌暂"围而不打"，而集中兵力封锁津塘；至 12 月 21 日，平津之敌海上南逃之路被切断。完成对华北国民党部队的分割包围后，我军采取先打两头、后取中间的策略，先攻新保安和塘沽；22 日，解放军华北军区第 2 兵团全歼新保安守敌第 35 军 2 个师。23 日，张家口守敌 5 万余向东突围，被华北军区第 3 兵团和东北野战军第 4 纵队于 24 日歼于张家口包围圈。1949 年 1 月 10 日，中央军委决定由林彪、罗荣桓、聂荣臻组成总前委。林彪基于塘沽地形不利歼敌，决定改攻塘

天津前线总前委林彪、罗荣桓、聂荣臻在一起研究和部署平津战役。

1949 年 1 月 31 日，北平和平解放。图为北平人民夹道欢迎人民解放军进城。

沽为攻天津。14 日，东北野战军 5 个纵队对天津发动猛攻，15 日攻克天津，歼敌 13 万，俘虏津塘防区副司令陈长捷。至此，北平守敌完全陷入孤立境地，解放军迅速加强了对北平敌人的围困。

北京是有着千年历史的名城，为了不使城内建筑被炮火毁坏，毛泽东希望和平解放北平。16 日，我军向傅作义提出和平谈判八项条件，希望其以国家民族为重，放下武器接受和平改编。傅作义见自己嫡系尽为解放军歼灭，顽抗除了失败，还会使北平成为一片废墟，让自己落下千古罪名，于是他接受了和平改编，率领北平守敌 25 个师，出城听候改编。1 月 31 日，解放军进驻北平，北平和平解放。

平津战役共歼敌（包括收降）143 个师 55 万人。

策略战术
解放军：分割包围敌军，各个击破；以优势兵力消灭敌人；瞒天过海，麻痹敌人；切断敌人退路，关门捉贼。

重大意义
消灭了大量敌人精锐，改变了国共两军事力量对峙，为解放全国取得彻底胜利提供了保障。

波诡云谲的中华战争史事让你心驰神摇，流连忘返。